Das Denken ist das Sein. Dennoch liegt allem unserem Tun die Voraussetzung der Einheit des Denkens und des Seins zugrunde. Diese Voraussetzung machen wir als vernünftige, als denkende Wesen. Es ist jedoch wohl zu unterscheiden, ob wir nur denkende sind oder ob wir uns als denkende auch wissen.

"Es gibt zwei Möglichkeiten unbedarft durchs Leben zu gehen. Entweder man glaubt alles oder bezweifelt alles. Beide Wege bewahren dich davor selbst zu denken."

Alfred Korsinski, poln.Philosoph

Hausmiete wird zur Hölle

von

Erich Beyer

Wenn Vermieter und Hausverwaltung nur mehr
lügen, um uns zum Ausziehen zu bringen!

© 2024 Erich Beyer

Verlag:

BoD · Books on Demand GmbH, In de Tarpen 42,

22848 Norderstedt, bod@bod.de

Druck:

Libri Plureos GmbH, Friedensallee 273,

22763 Hamburg

ISBN: 978-3-7693-2628-4

INHALTSVERZEICHNIS:

Vorwort: Seite 006

Emails und Fotos von 2023   Seite 009

Emails und Fotos von 2024   Seite 120

Nachwort   Seite 259

Bücher die noch von mir erschienen sind: Seite 261

Über den Autor   Seite 275

Vorwort:

Der werte Leser möge mir verzeihen, wenn es für manchen nicht so interessant zum Lesen ist wie erwartet, nur möchte ich hier aufzeigen, was einem der Vermieter und Hausverwaltung zumuten, wie sie mit Lügen und falschen Anschuldigungen schon nach kurzer Zeit versuchen uns zum Ausziehen zu bewegen. Auch ein mündlich mit Handschlag zugesagte, sogar vor Zeugen, Verlängerung des Mietvertrages wird ignoriert, was uns sehr belastet. Meine Frau kämpft noch immer psychisch und physisch mit ihrer Krebskrankheit, (Adenoides zystisches Karzinom) das in München mit Protonenbestrahlung bekämpft wurde, mit einer Überlebenschance von 50% nicht gerade lustig für uns, wie man sich ja vorstellen kann.

Wir hatten dieses Haus nur unter der Voraussetzung gemietet, wenn eine Verlängerung möglich ist, und nicht nur die drei Jahre, was uns vom Vermieter Hr. Joachim Egresits eben mit Handschlag zugesagt wurde. Denn weder meine Frau mit 61 Jahren noch ich mit 74 Jahren wollen uns die Belastung eines neuerlichen Umzuges antun. Vor allem haben wir viel Geld und vor allem Arbeit in das Grundstück investiert, um es her zu richten, was uns zwar Freude machte, aber auch viel „Substanz" gekostet hat.

Wir hatten von Beginn an mit vielen Mängeln zu kämpfen, die aber immer erst nach sehr vielen urgieren von uns, dann vom Vermieter mehr oder minder, leider mit vielen „Pfusch" dabei, versucht wurden sie zu beseitigen, was aber auch nach zwei Jahren nicht wirklich geglückt ist. Da alle Berichte nur der Wahrheit entsprechen und natürlich mit allen Bildern und Emaildokumenten hier im Buch belegt sind, können sie aber vielleicht anderen Mietern aufzeigen, was alles auf sie zukommen, und auch vielleicht erfahren, was ihr Rechte sind und was sie dafür unternehmen können. Von Joachim wurde mir dann bald gesagt, ich soll meine Beschwerden und Anfragen an die Hausverwaltung schreiben, denn dafür bezahlt er sie ja. Und obwohl wir ja alle Veränderungen an die Hausverwaltung mitteilen sollen, wollten die dann aber meine lange E-Mail nicht mal mehr lesen. Nur wenn alles in Ordnung gewesen wäre, hätte ich ja gar keine Emails schreiben müssen!

Auch wenn am Ende der Schriftverkehr nur mehr über Rechtsanwälte geht und vor Gericht enden wird, sollte man sich nicht einschüchtern lassen, wenn einem ein Brief vom Rechtsanwalt ins „Haus flattert" sondern um sein Recht kämpfen. Es bestand zu unseren Vermieter Joachim Egresits am Anfang sogar ein freundschaftliches Verhältnis, was aber dann durch Verleumdung und Lügen von seiner Seite und Hausverwaltung sehr getrübt wurde, und nun eher ein „feindliches" wurde.

Nur wir haben uns in dieses Haus leider verliebt, obwohl wir viele Belastungen, wie hohe Heizkosten, Schimmel usw. in Kauf nehmen müssen, wollen wir dieses Haus nicht aufgeben und bis zum obersten Gerichtshof gehen der möglich ist, um unser Recht einzufordern. Aber wenn der Leser die Zeit aufwendet und dieses Buch gelesen hat, wird er anhand der Fotos und Texte ein wenig unsere Situation verstehen.

Ich bin immer noch der Meinung, daß eine Aufgabe des Hauses für uns keine Option ist! Wie heißt es so schön: „Aufgeben tut man einen Brief"

Als ich dieses Vorwort schreibe, sind wir gerade über die Weihnachtsfeiertage in Kroatien um mehr Ruhe für unseren Hund „Shiva" zu haben und ihm die Böller zu Silvester zu ersparen! Vor allem habe ich hier die Ruhe an meinem Buch über die „Hausmiete" zu arbeiten, und dann mein letztes Buch „Was stimmt nicht mit Euch?" vielleicht auch noch hier fertig zu schreiben.

Der Verfasser, Erich Beyer   Dezember 2024

Hier als Zusatz, was meine anderen Bücher betrifft, um klarzustellen, daß ich kein Schriftsteller bin:

Wichtig ist nicht, was und wie man etwas schreibt, sondern, daß man es schreibt. Ich bin kein Schriftsteller, weil mir die Gabe der ausschmückenden und leider nur allzuoft höchst fantasievollen Schriftstellerei fehlt. Ich sehe mich eher in der Position eines Berichterstatters, eines Journalisten. Ein Bericht ist immer noch die ehrlichste Form, um Begebenheiten und Situationen möglichst objektiv in einer lesbaren Art und Weise mit den dazugehörigen Erklärungen darzustellen. So wie es früher einmal die Journalisten dargestellt haben. Aber leider wird heutzutage nur mehr Sensationsjournalismus gebracht, um höhere Verkaufsquoten zu erzielen, dabei steht die Wahrheit eher weit „hinten".

Zur besseren Übersicht in folgenden Texten, habe ich die eingehende Korrespondenz von Vermieter und Hausverwaltung in *KURSIV* reingestellt! Bitte auch zu entschuldigen, wenn der „Umbruch" nicht immer so ist, wie er sein sollte. Nur habe ich für die Buchform versucht einen „Blocksatz" zu nehmen, nur leider beim Einfügen von den E-Mail-Texten, gab es Probleme, wo ich es dann „linksbündig" machen mußte, um nicht zu große Abstände zwischen manche Wörter zu bekommen was fürchterlich ausgesehen hat.

Emails Korrespondenz 2023

Begrüßung, Hauptstraße 38/7, Fam. Beyer – Albrecht

Sehr geehrte Damen und Herren,   5.4.2023

wir freuen uns Sie als neue Mieter in der Hauptstraße 38/7, 2641 Schottwien ab Mitte April 2023 begrüßen zu dürfen und stehen Ihnen als Ihre Hausverwaltung gerne zur Verfügung. Im Anhang, senden wir Ihnen ein Begrüßungsschreiben inkl. Anhänge.

Bei Fragen und Anliegen stehen wir Ihnen gerne zur Verfügung und verbleiben, mit freundlichen Grüßen Carina Scherz

Re: Begrüßung, Hauptstraße 38/7, Fam. Beyer – Albrecht

Klosterneuburg 5.4.2023

Sehr geehrte Fr. Scherz!

Anbei der SEPA Auftrag vom Konto meiner Frau zu Ihrer Verfügung. Was die Haushaltsversicherung betrifft, müssen wir noch warten, bis meine Frau in Schottwien Haupt-gemeldet ist, was aber noch dauern wird, da wir ja alle Adressänderungen vornehmen müssen und in Wien alles aufgeben können. Aber unser Versicherungsvertreter von der Generali sagte uns, es ist dann kein Problem, denn für die Dauer des Umzuges gilt für zwei Monate dann die Haushaltsversicherung für beide Orte, also Schottwien und Göschlgasse in Wien. Ich sende ihnen, wenn die Adresse geändert wurde, eine Kopie vom Vertrag zu!

Da uns gesagt wurde, wir sollen sie über diverse Vorhaben informieren, möchte ich als erstes melden, wir wollen im Garten einen Geräteschuppen aufstellen, wo wir unsere Gartengeräte unterbringen können und versperren. Dann habe ich vor, unten am Stiegenaufgang (siehe Foto) eine Gittertüre anzubringen, da wir ersten keine fremden Besucher in unseren Garten haben wollen, und zweitens, daß nicht Katzen unsere geplanten Gemüsebeete als Katzenklo verwenden, soweit es eben möglich ist. Eventuell werden wir auch einen Zaun am oberen Ende des Grundstückes anbringen, um zu vermeiden das unser Hund, wenn er gerade nicht beaufsichtigt ist, in den Wald laufen kann. Ich habe mit Joachim darüber gesprochen und er hat nichts dagegen, weil wir die oberen Terrassen auch zivilisieren und benutzen wollen, eventuell Obstbäume setzen!

Bitte das zur Kenntnisnahme, Hochachtungsvoll Ihr Erich Beyer und Gabriela Beyer-Albrecht

Handlauf!

Klosterneuburg 17.4.2023   Hallo Marion!

Da ich nicht genau weiß, wem ich mit meinen Anliegen nun belästigen soll, denn die Hausverwaltung hat mir nun seit fast 14 Tagen noch nicht mal eine Antwort geschrieben! ☹ Jedenfalls würde ich ersuchen, daß im Stiegenhaus, auch ein Handlauf wie er auch auf der Außentreppe ist, montiert wird, denn meine Frau würde sich doch etwas sicherer fühlen, und ich denke es wäre für ihre Sicherheit doch sehr wichtig! Ich bin nicht sicher ob es sogar Vorschrift ist, aber ich bitte um eine baldige Montage des Handlaufs. Ich hoffe auch, daß es die Woche mit Elektriker funktionieren wird und die Steckdosen und WC-Licht mit Absaugventilator bald erledigt ist. Ich wollte Joachim damit nicht fragen, und die Hausverwaltung dürfte eher sehr langsam sein, denn sie haben mir nicht mal eine Lesebestätigung gesendet ob sie den SEPA-Auftrag erhalten haben, so sollte eigentlich keine Geschäftskorrespondenz verlaufen, wo ja Joachim meinte, er bezahlt sie dafür! Beste Grüße, Erich und Gabriela

Am 17.04.2023 um 09:28 schrieb Marion Brunner:

Hallo, das sind Dinge, die die Hausverwaltung betreffen. Ich habe dein Mail weitergeleitet, es sollte sich jemand bei dir melden diesbezüglich.

Hast du die richtige Mailadresse? *info@immobilienservicehofer.com*

Herzliche Grüße Marion Brunner

Re: Handlauf! 17.4.2023

Ja die Adresse stimmt und ich habe dann an die Fr. Scherz geschrieben, hier der Inhalt:

Klosterneuburg 5.4.2023

Sehr geehrte Fr. Scherz!

Anbei der SEPA Auftrag vom Konto meiner Frau zu Ihrer Verfügung. Was die Haushaltsversicherung betrifft, müssen wir noch warten, bis meine Frau in Schottwien Haupt-gemeldet ist, was aber noch dauern wird, da wir ja alle Adressänderungen vornehmen müssen und in Wien alles aufgeben können. Aber unser Versicherungsvertreter von der Generali sagte uns, es ist dann kein Problem, denn für die Dauer des Umzuges gilt für zwei Monate dann die Haushaltsversicherung für beide Orte, also Schottwien und Göschlgasse in Wien. Ich sende ihnen, wenn die Adresse geändert wurde, eine Kopie vom Vertrag zu!

Da uns gesagt wurde, wir sollen sie über diverse Vorhaben informieren, möchte ich als erstes melden, wir wollen im Garten einen Geräteschuppen aufstellen, wo wir unsere Gartengeräte unterbringen können und versperren. Dann habe ich vor, unten am Stiegenaufgang (siehe Foto) eine Gittertüre anzubringen, da wir ersten keine fremden Besucher in unseren Garten haben wollen, und zweitens, daß nicht Katzen unsere geplanten Gemüsebeete als Katzenklo verwenden, soweit es eben möglich ist. Eventuell werden wir auch einen Zaun am oberen Ende des Grundstückes anbringen, um zu vermeiden das unser Hund, wenn er gerade nicht beaufsichtigt ist, in den Wald laufen kann. Ich habe mit Joachim darüber gesprochen und er hat nichts dagegen, weil wir die oberen Terrassen auch zivilisieren und benutzen wollen, eventuell Obstbäume setzen!

Bitte das zur Kenntnisnahme, Hochachtungsvoll Ihr Erich Beyer und Gabriela Beyer-Albrecht

Aber bis dato noch keine Info bekommen, tut leid dich damit zu belästigen, aber wir würden auch gerne damit fertig sein, und solche Dinge wie den Wasserhahn und Steckdose im WC usw. haben wir bei Übergabe eben Beide nicht bedacht, weil wir doch Freude mit dem Objekt hatten! ☺ Gruß und Ciao von uns Drei

Reklamationen bitte auch an Joachim weiterleiten

Klosterneuburg 20.4.2023

Sehr geehrte Fr. Scherz, liebe Marion und Joachim!

Da ich hier anscheinend als „Querulant" angeschaut werde, möchte ich einige Dinge aufklären, wo sich eigentlich zeigen wird, daß es sicher nicht an mir und meine Schuld ist, was da an Problemen im Haus aufgetreten ist!
Eigentlich müßte ich hier derjenige sein, der viele Gründe hat und mit Problemen zu kämpfen hat, die gar nicht erst auftreten dürften! Als erstes bin ich mal sehr enttäuscht, da wir ja am 27. März ein ausführliches und nettes Gespräch hatten, was die Übernahme des Hauses betrifft, und mir von Joachim und Marion versprochen wurde, alles wird vorher fertig und erledigt sein, z.B. Absaugventilator über Ofen und WC-Licht! Nun ich glaube, daß ich meine Pflichten eingehalten habe, und Kaution wie Provision bezahlt habe, nur war von einer Erledigung dieser Dinge nicht die Rede, denn bei der Schlüsselübergabe am 11. April war keiner der Dinge erledigt, und wie ich vom Elektriker erfahren habe, hat er von allem nichts gewußt und erst am 13. April bei seiner Besichtigung vor Ort, von dem Auftrag erfahren! Also fühlen wir uns ignoriert und hintergangen, was unsere Probleme im Haus betrifft!

13

Was den Handlauf betrifft, würde hier Joachim gröbere Probleme bekommen, wenn hier ein Unfall passieren würde, denn wie konnte das bei einer Baugenehmigung überhaupt abgenommen werden, wenn ab DREI Stufen bereits ein Handlauf vorgeschrieben ist, und wenn die Stufen eindeutig breiter als einen Meter sind, sogar zwei vorgeschrieben werden?

Ein Hauptgrund war, daß nachdem wir die erste Nacht im Haus verbrachten, wir feststellen mußten, daß im Treppenhaus völlige Dunkelheit herrscht und man dann die Stufen nicht mehr sieht, wo ein Handlauf eindeutig eine Sicherheit wäre. Warum ein angeblicher Bewegungssensor (siehe Foto) im Stiegenhaus das Licht schalten soll, weil ein Wechselschalter fehlt, nicht funktioniert konnte auch der Elektriker nicht sagen, denn er weiß nicht wo ein dazu gehöriges Relais sein soll, und ob es in der Lampe war, die aber nicht mehr im Stiegenhaus hängt und dort nur mehr die Drähte ohne Lampe herausschauen? Also es ist sicher nicht leicht, bei totaler Finsternis die Treppen runterzusteigen. Was eigentlich jedem klar sein dürfte.

Das wir, wenn wir auf das WC wollen, die Türe offen lassen müssen ist auch nicht gerade förderlich und mir der Elektriker erklärt er habe noch keinen Ersatzteil für das WC-Licht bekommen, das auch über einen Taster und einem Relais geschaltet wird, was mir als Elektriker völlig unverständlich ist, denn aus welchen Grund mache ich im WC statt einen normalen Ausschalter um 3,50 € ein kompliziertes und teures Relais? Ein Stromstoßrelais verwende ich, wenn ich mehrere Schalter auf auseinander liegenden Plätzen habe um mir eine „Wechselschaltung", „Kreuzschaltung" oder „Serienschaltung" zu ersparen, wo ich dann überall vier Drähte hinführen muß, was bei einem Stromstoßrelais nicht der Fall ist, weil dann zwei Drähte genügen.

Nun habe ich drei Tage lang auch den Ofen eingeheizt, und wer

14

kontrolliert den bei einer Übernahme das im Ofen bei Rüttelrost die dazu gehörige Vorrichtung fehlt? Trotz seit einer Woche mit allen Heizungen eingeschalten, haben wir im WC leider nur 13° was auch nicht lustig ist, weil nicht mal eine Steckdose vorhanden ist um einen Klimarex reinzustellen. Und normalerweise sollte auch eine wackelige Armatur beim Abwaschbecken nicht übergeben werden. Leider sah wir dann auch weil wir duschen wollten, daß die eine Wand von der Duschkabine am Ende die Abdeckung und Leiste abgegangen und verbogen ist, was wir leider vorher nicht gesehen haben, und somit erst jetzt melden konnten, ich habe nur leider Foto mit Handy wo man es nicht so deutlich sieht, ich konnte es nicht rein drücken, weil es nicht hält, und ich bin sicher nicht ungewillt solche Sachen selber zu machen, ich habe auch die drei Dübel eingegipst die bei Fenster ausgebrochen sind. Aber wer denkt daran z.B. jede Steckdose zu kontrollieren, wo im Wohnzimmer, die unter dem Ventilator keinen Strom führt, und im anderen Zimmer einen noch fehlt? Solche Sachen hätten vorher in Ordnung gebracht werden müssen, und ich hätte mir ein halbes Monat Miete erspart, wenn ich das gewußt hätte und erst ab 1. Mai den Mietvertrag   gemacht.

Also hoffe ich doch, daß wenn hier jemand ungehalten sein darf, daß wir es sind weil wir nun die Probleme haben und ich in Bälde sicher nicht mehr will, daß, wenn wir dann viele private Dinge im Haus haben, das fremde Personen ohne unserer Anwesenheit das Haus betreten, auch wenn sie vielleicht vertrauenswürdig sind, als wie lange wir noch auf Elektriker und Installateur warten müssen bis alles behoben ist?

Ich hoffe doch, daß diese Informationen nützlich sind und zur Klärung unserer Situation beitragen. Die Länge des Handlaufes werde ich Samstag   ausmessen   und   ihnen   zukommen   lassen!

Beste Grüße Erich Beyer und Gabriela Beyer-Albrecht

15

Re: Reklamationen bitte auch an Joachim weiterleiten

Lieber Erich,   21.4.2023

meine Aufgabe ist es die Wohnung zu vermitteln, die Sache mit dem Handlauf usw. liegt leider nicht in meinem Einflussbereich, ich bin mir

16

aber sicher, dass es hierfür eine Lösung mit der Hausverwaltung geben wird, mit der alle Beteiligten zufrieden sind.
Wir haben alle Mängel, die zum Zeitpunkt der Übergabe ersichtlich waren ordnungsgemäß zu Papier gebracht und es sind meines Wissens alle bemüht, diese auch zu beseitigen. Welche Verzögerungen sich hier beim Elektriker selbst ergeben, darauf habe ich leider auch keinen Einfluss, er wird sich aber raschestmöglich darum kümmern, alles zu erledigen.

Erfahrungsgemäß gibt es anfangs in einer neuen Mietwohnung öfter kleinere Probleme, die erst ersichtlich werden, wenn der neue Mieter die Wohnung bezieht. Ich würde dich bitten etwas Geduld walten zu lassen, die Hausverwaltung Hofer hat ja nicht nur diese eine Wohnung zu verwalten, dementsprechend kann es schon einmal sein, dass etwas Zeit vergeht. Aber wie gesagt, meiner Erfahrung nach funktioniert die Zusammenarbeit sehr gut und es wird sich deiner Anliegen sicher angenommen.

In diesem Sinne wünsche ich euch ein schönes Wochenende.

Herzliche Grüße   Marion Brunner

Re: Reklamationen bitte auch an Joachim weiterleiten

Hallo liebe Marion!   21.4.2023

Ich habe kein Problem damit, nur wenn ihr wie versprochen, dann dem Elektriker erst 14 Tage später Bescheid sagt, das ist es eindeutig Eure Schuld, oder nicht? Ich gebe sicher nicht dir die Schuld wegen dem Handlauf, aber da nicht wie versprochen kein Elektriker kam noch die Probleme behoben wurden und wir dadurch im Dunkeln im kalten WC sitzen und kein Licht im Stiegenhaus ist, hätte eben doch vorher behoben werden müssen, und nicht gewartet bis wir eingezogen sind. Also so wie es aussieht ist auch heute noch kein Elektriker gekommen, also wie lange müssen wir noch auf die Behebung der Probleme warten?

Wie gesagt, es ist vertrottelt auf ein Relais im WC warten zu müssen, wenn ein einfacher Ausschalter genügen würde, den ein Elektrikerlehrling in der ersten Woche montieren kann!

Ich hoffe du verstehst unsere Verärgerung, Ciao mit schönem Wochenende

P.S.: Und dann verstehe ich eben nicht, wenn mir die Fr. Scherz sagt, daß Joachim verärgert ist, weil er dann sagt, was noch alles kommt! Vielleicht hättet ihr einhalten sollen, was ihr am 27. März versprochen habt!

P.P.S.: Ich hoffe doch, daß wir keinen Fehler gemacht haben und uns in dieses Haus verliebt haben, denn der Nachbar links von uns, die den ADEG haben, sagten uns, sie haben schon viele kommen und gehen sehen, weil jeder nach dem Winter nach der Stromrechnung wieder ausgezogen ist, weil sie das Haus nicht wirklich heizen konnten!

Handlauflänge 230 cm!

Schottwien 23.4.2023   Liebe Fr. Scherz!

Ich habe am Freitag ein langes Gespräch mit Joachim geführt und wir habe so weit die Sache geklärt, wir hoffen, daß der Elektriker diese Woche auch kommen wird. Für den Handlauf im Stiegenhaus will Joachim auch noch diese Woche jemanden senden und bat mich, Ihnen die Länge durchzugeben. Der Handlauf im Stiegenhaus sollte 230 cm lang sein. Der Mann von Joachim will sich auch die Duschkabine und die wackelige Armatur noch diese Woche ansehen, also hoffen wir auf das Beste.

Wir wünschen noch einen schönen Sonntag, viele Grüße von Erich, Gabriela und Shiva „La Bestia"

P.S.: Am Montag will ich noch Kontakt mit der EVN aufnehmen, denn die haben uns mal Vierteljährlich einen Teilbetrag für Strom mit 2.354.- € angerechnet! Ich bin nicht sicher, aber ich denke fast 800.- € Strom im Monat ist doch sehr heftig, das kann ja nicht normal sein, hoffen wir jedenfalls! ☹

Elektriker und Stromverbrauch

Schottwien 24.4.2023   Liebe Fr. Scherz!

Ich hätte es auch gerne Joachim gesagt, aber habe leider keine Email Adresse von ihm. Wie es auch Joachim ergangen ist, hat der Elektriker am Telefon nicht abgehoben, trotz mehrmaliger Versuche ihn zu erreichen. Jedenfalls würde ich gerne den Termin wissen, wann er endlich kommen wird, denn ich will jetzt nicht mehr, daß jemand das Haus betritt wenn wir nicht dabei sind, es sind schon zu viele private Dinge im Haus, wenn auch der Chef vertrauenswürdig sein mag, kann er doch nicht alle Arbeiter kontrollieren, ich hoffe man versteht uns, und außerdem würde ich gerne anwesend sein wenn die arbeiten, denn wie die Installationen und Arbeiten bis jetzt gemacht wurden, ist nach meinem Fachwissen nicht sehr professionell gearbeitet worden. Also würde ich gerne den Termin vorher wissen, damit wir auch im Haus sind und nicht in Wien oder Klosterneuburg.

Deshalb bin ich nicht sicher, ob in der Elektroinstallation nicht eine Fehlerquelle eingebaut wurde, wie Kriechstrom oder ähnliches, denn ich habe nun den Verbrauch gemessen, in 10 Tagen haben wir 734 kW verbraucht und von gestern auf heute in einem Tag bereits 52 kW verbraucht, dabei sind da die Infrarotpaneele nur auf 20° Raumtemperatur eingestellt, was aber einen sehr hohen Verbrauch gibt, was doch sehr „schmerzhaft" ist, und ich mir gar nicht vorstellen will was sein wird wenn die Außentemperatur dann Minusgrade wären.

Jedenfalls wollen wir mal mit der EVN reden und eventuell dann einen Anbieter suchen, denn Teilbeträge mit fast 800.- € im Monat ist zu viel, da kommen wir ja im Hotel billiger weg! ☺

19

Anbei habe ich als PDF die Besitzversicherungs Polizze angehängt, und ich hoffe doch, wenn wir mal mit diesen Anfangsproblemen durch sind, unsere Korrespondenz weniger werden wird. ☺

Viele Grüße Ihr Erich Beyer und Gabriela Beyer-Albrecht

Fwd: Re: Elektriker und Stromverbrauch

Sehr geehrter Herr Beyer,   24.4.2023

wir haben die Information an dem Eigentümer weitergeleitet.

Vielen Dank für die Zusendung der Polizze. Mit freundlichen Grüßen Carina Scherz

Zur Information

Schottwien 27.4.2023   Hallo liebe Fr. Scherz!

Anbei ein paar Fotos (sicher nicht alle) von Schäden im Laminat! Bitte es ist keine Reklamation nur möchte ich sie informieren, damit niemand sagt wir hätten diese Schäden verursacht! Also nur zur Info damit keine Mißverständnisse aufkommen! Heute soll Elektriker noch kommen und alles, was nötig ist machen und auch der Mann von Handlauf und Armatur soll kommen. Ich werde sie dann informieren wie alles abgelaufen ist, wenn sie wollen! Hochachtungsvoll Ihr Erich Beyer & Gabriela Beyer-Albrecht

P.S.: Habe Stromtarif von EVN mit 78 Cent auf Grünenergie mit 30 Cent geändert und neuen Vertrag gemacht.

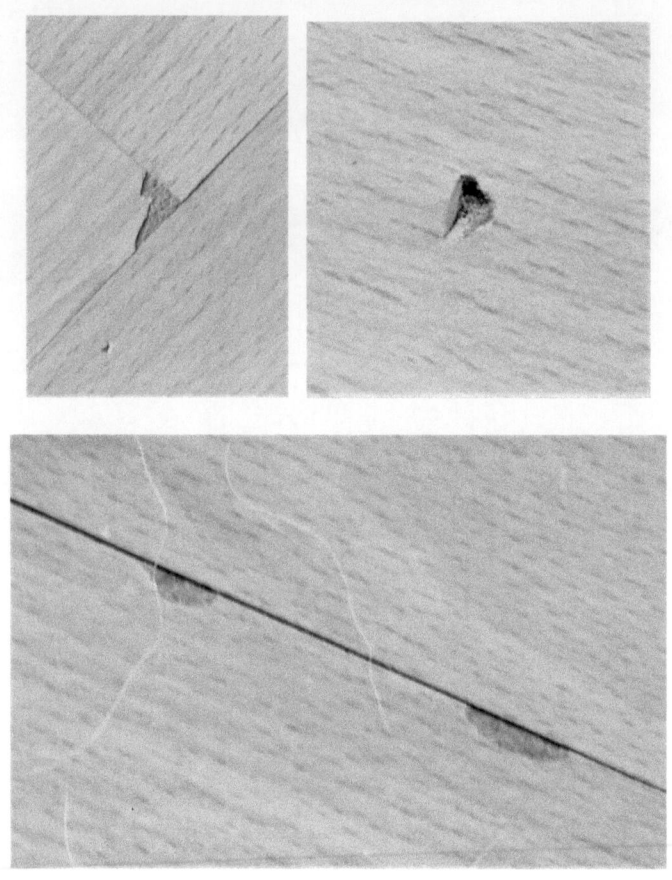

Fortschritte in der Hauptstraße

Schottwien 1.5.2023

Hallo liebe Fr. Scherz, Marion und Joachim!

Da heute der Tag der Arbeit ist, will ich ein paar Neuigkeiten berichten. Als Erstes Mal zur Elektrik, nun der Elektriker ist zwar nicht um 1000 gekommen, aber dann doch kurz vor Mittag aufgetaucht und hat sich sehr bemüht unsere Wünsche zu erfüllen. Obwohl die Oberputz

Kabelkanäle nicht unbedingt schön anzusehen sind, können wir damit leben. Der Absaugventilator ist nun per Funkfernsteuerung einzuschalten, und obwohl ich eigentlich Zweifach Steckdose in der Küche wollte, kann ich mir mit Verteiler helfen und am WC können wir jetzt mal auch heizen! (siehe Fotos) Der Mann für Handlauf hat zwar auch versprochen am Nachmittag zu kommen, zog es aber vor nicht zu kommen und fand es auch nicht der Mühe wert wenigstens anzurufen. Er hat dann am Freitag angerufen und wollte am Vormittag kommen, war aber für uns nicht möglich da wir nach Wien mußten, also will er morgen Dienstag kommen, wir sind schon gespannt, ob wir wieder umsonst warten.

Ich habe zwar mit heizen geschafft, daß sich die Infrarotpaneele nun auch mit 20° eingestellt auch schon mal abschalten, leider verhindert es nicht, daß wir trotzdem pro Tag 41 kW verbrauchen, also wird es ganz schön teuer werden. (Übrigens in der Zuleitung vom Strom vom Zähler zum Haus ist kein Fehler, ich habe es getestet!) Ich hoffe, daß Joachim jemanden auftreibt der uns mit etwas günstigerem Holz versorgen kann! Leider gibt es einen großen Wermutstropfen, wenn sich die Infrarotpaneele aus und einschalten, denn durch das Abkühlen entstehen große Spannungen und die machen wirklich laute „Dong, dong" Geräusche die einen auf jeden Fall aufwecken, beim Ausschalten dauern die bis zu fünf Minuten, beim Einschalten ein wenig kürzer, aber auf keinen Fall zu überhören, höchstens wenn einem ein Trommelfell fehlt, das „dong, dong" ist lauter als unser Tinnitus! ☹

Die Ursache versuchte ich festzustellen und leider war da bei der Installation sehr viel gepfuscht worden, was mich zweifeln läßt, daß es eine professionelle Firma war die die Paneele installiert hat, wie an den Fotos der Halterungen zu sehen ist, sind weder die Dübel ganz in die Wand gebohrt, noch sind die Paneele wirklich fest, denn man kann sie um zwei cm hin und her bewegen, was vielleicht auch die lauten Geräusche verursacht, bis jetzt habe ich es noch nicht geschafft es aus der Welt zu schaffen, es ist jedenfalls sehr unangenehm wenn man mehrmals in der Nacht aufgeweckt wird, was sich hoffentlich jeder vorstellen kann!

Im Garten versuchen wir mal die vielen Steine im Rasen zu entfernen, um ihn mal mähen zu können, und wie am Foto zu sehen ist, wollen wir bis wir einen Sichtschutz anbringen, die vielen Brennessel außerhalb vom Zaun entfernen, die haben sich obwohl dort ein Blech liegt, auf dem Blech angesiedelt und haben starke Wurzeln, die man fast nicht ausreißen kann, wir es aber schaffen werden um dort sauber zu werden.

Trotz aller widriger Umstände haben wir uns in dieses Unikat von Haus verliebt und wollen sicher nicht schnell aufgeben, denn nur einen Brief gibt man auf, obwohl wir ein paar sehr negative Meldungen von Einheimischen bekommen haben, wie uns die linken Nachbarn, die ja den ADEG haben, gesagt haben, sie haben nun schon viele kommen und gehen sehen, spätestens nach der ersten Stromrechnung nach dem Winter, was wir ja auch schon festgestellt haben, es wird sicher teuer werden. Einer sagte uns sogar, diese schimmlige Bude ist zu vergessen, weil unterhalb eine Wasserquelle durchfließt und das alte Haus über die Grundmauer die Nässe aufsaugt. Nun da auch die alten Häuser, die weiter unten stehen auch durch das Gemäuer die Nässe aufsaugen, kann ich seine Bemerkungen ignorieren, weil es eben bei alten Häusern immer der Fall sein wird.

Also wir werden sicher nicht so schnell das Handtuch werfen und hoffen doch, daß wir lange hier leben können und glücklich sein können, in diesem Sinne viele Grüße von uns DREI, Erich, Gabriela und Shiva „La Bestia"

Zur Information für Joachim

Liebe Fr. Scherz! 2.5.2023

Bitte nur als Information für Joachim die EVN Abrechnung mit einem Schnitt von fast 70 kW pro Tag und für die 10 Tage Strom 522.- € von der EVN verrechnet wurden! Bitte das nur zur Info, damit Joachim einen Überblick hat und versteht, von was wir reden!

Viele Grüße Erich Beyer & Gabriela Beyer-Albrecht

Geräusche von Paneelen

3.5.2023   Guten Morgen liebe Fr. Scherz und Joachim!

Da ich keine E-Mail-Adresse von Roman Redwell habe, sende ich die Audioaufnahme der Geräusche an Joachim und er kann sie vielleicht weiterleiten!

Diese „dong, dong" Geräusche treten in der Nacht ein paarmal auf und dauern so im Schnitt fünf Minuten und ca. 50 mal das „dong, dong" zu hören, also von einem durchschlafen obwohl es ja sonst hier sehr ruhig ist, kann keine Rede sein!

Ich habe mir nur die Mühe gemacht, es mal aufzunehmen, damit man weiß, ich will niemanden ein „Gschichtl einedruckn" ☺

Roman will nächste Woche kommen und sich die Sache ansehen, er meinte ja, weil das Paneel im Schlafzimmer nicht festgeschraubt ist, kommen die Geräusche, nur leider kommen sie auch im Wohnzimmer, und dieses Paneel ist festgeschraubt??? ☹

Na, ich hoffe wir bekommen es in Griff, noch einen schönen Tag von uns Drei, Erich, Gabriela und Shiva

Horror mit Stromanbieter!

Schottwien 10.5.2023

Hallo liebe Fr. Scherz und Joachim!

Da sie so lieb waren uns sogar noch am Montag nach Dienstschluß zurück angerufen haben und mir versucht haben die Nummer rauszufinden, was aber nichts genützt hat! Nun ich schreibe ja an Freunde und Clubmitglieder an über 100 Leuten meine Berichte, was wir so erleben, somit will ich ihnen, diese auch wenn langen Bericht

27

nicht vorenthalten es kann ja ein Erfahrungswert für zukünftige
Aktionen mit Stromanbieter sein! Hier mein Bericht:
Wie so was nur in Österreich möglich ist!

Wenn mir jemand nochmals erklären will, wie super alles über das
Internet und online geht, dann breche ich ihm die Hände, VIERMAL in
alle Richtungen!

Ich verstehe nun langsam warum manche Leute Amok laufen und
wahllos durch die Gegend schießen, denn die letzten zwei Tage
brachten mich (uns) an den Rand des Wahnsinns!

Als wir am Montag um ca. 1430 in Schottwien ankamen, waren wir
ohne Strom! Ein Blick auf den Zähler erbrachte den Überblick, man hat
mir die Sicherungen raus gedreht und plombiert, somit keinen Strom!

Alles was ich jetzt berichte ist noch untertrieben, denn es ist fast nicht
zu glauben, was in unserem vertrottelten Land überhaupt noch möglich
ist. Warteschleife bei Netz NÖ der der Betreiber ist und Strom an die
Anbieter weitergibt, und uns den Strom abgedreht hat. Auch bei meinem
neuen Anbieter „Grünwelt" gab es kein Durchkommen, nur
Warteschleife und dann als es 1600 geworden ist, heute keine
Dienststunden mehr! Bei der Störung waren sie bemüht, nur konnten sie
nichts tun, weil die Order war und kein Vertrag von Grünwelt ONLINE
an Netz NÖ gesendet wurde, den wir aber bereits am 25.4.
abgeschlossen hatten, mit allen Daten und SEPA Einzug vom Konto,
nur habe ich zwar den Vertrag als PDF am Computer, nur kann ich den
nicht senden, den die brauchen ihn ONLINE, sonst geht nichts!

Ich sagte ihm, mir ist es egal und ich weiß auch daß es verboten ist, nur
ich setze mir die Sicherungen selber wieder auf und sie können mich
dann einklagen, aber wir können weder kochen noch heizen und zum
Glück haben wir noch keine Gefriertruhe, denn sonst wäre dort auch
alles im Ar... denn vermutlich haben sie bereits am Freitag die
Sicherungen rausgenommen und plombiert! Somit hatten wir mal
wieder Strom und mit einheizen vom Ofen bekamen wir es sogar wieder

warm!

Heute morgen begann der nächste Spießrutenlauf am Telefon, bei „Grünwelt" arbeitet man erst ab 0900 und als ich dann die Nummer wählte, kam sofort die Nachricht, im Augenblick ist der Teilnehmer nicht zu erreichen, versuchen sie es später. Nach über 30 Minuten habe ich Netz NÖ mal jemanden sprechen können, nur wieder kam dieselbe Antwort, sie brauchen den Vertrag von „Grünwelt" ONLINE sonst können sie nicht wieder einschalten, und ich hätte nicht selber die Sicherungen aufsetzen dürfen. Ich war am Durchdrehen und fragte was wir ohne kochen und heizen machen sollen, so was ist ja unmenschlich und eine Frechheit sondergleichen, weil wir ja die Abrechnung von der EVN mit 522.- € bezahlt haben und nur „Grünwelt" nicht zu erreichen ist, also wie soll ich da was erreichen um mit denen zu sprechen, wo ich auch auf drei Email an „Grünwelt" keine Antwort bekam? Sie sagte zu mir, sie versucht „Grünwelt" anzuschreiben und den Vertrag anzufordern, und ich wieder nach langer Zeit in der Warteschleife von „Grünwelt" ohne Erfolg, mal aufgegeben bevor ich völlig durchdrehe und wir fuhren mal Einkaufen nach Neunkirchen und leisteten uns ein Essen in der „Billa Marktküche" und holten noch Holz von OBI damit wir nicht im kalten Sitzen!

Die Idee war gut, denn als wir um 1400 zurück im Haus war und ich gerade vor dem Haus einparkte, rief mich der Elektriker vom Netz NÖ an und sagte mir, er hat, weil ich selbst die Sicherungen aufgesetzt habe und noch immer kein Vertrag von „Grünwelt" gesendet wurde, nun den gesamten Zähler abmontiert und er meinte sogar, er müßte mich bei der Polizei anzeigen. Nach einem langen Gespräch und erklären von unserer Situation, hat er dann von einer Anzeige abgesehen, nur er kann erst einen neuen Zähler montieren, wenn der Vertrag von „Grünwelt" in der Zentrale ist.

Nun wieder Warteschleife und weil ich von „Grünwelt" mehr als angefressen bin, habe ich, während ich in der Warteschleife war, nun einen anderen Anbieter im Internet gesucht und sogar einen billigeren mit 28,5 Cent pro kW bei „Go green energy" neuen Vertrag gemacht,

der hoffentlich besser sein wird, und nicht wie bei „Grünwelt" mit 30.-
Cent bestellt wurde und dann auf einmal 36.- Cent daraus wurden. Als
ich fertig mit dem neuen Vertrag war, bekam ich nach 53 Minuten eine
Mitarbeiterin endlich ans Telefon die sich der Sache annahm und mir
versprach sofort an Netz NÖ den Vertrag ONLINE zu senden, nur war
es bereits wieder 1545 und normalerweise arbeiten die Elektriker nur bis
1600.

Ich bekam dann sogar den Elektriker ans Telefon, nach meinem vierten
Anruf und er versprach mir, weil er in der Nähe wohnte, noch vorbei zu
kommen und einen neuen Zähler zu montieren, der jetzt wieder mit
NULL anfängt, aber das machen sie nur in Kulanz, denn was
„Grünwelt" ONLINE gesendet hat, ist wieder kein Vertrag, nur hat die
Zentrale gesehen das ich bei „Grünwelt" seit 25. 4 bin und deshalb
haben wir dann noch am Abend den neuen Zähler montiert bekommen
und wieder Strom! Yipiehh

Nun was nun wirklich heraus kommt ist unsicher, denn wie jetzt „Go
green energy" den Vertrag von „Grünwelt" kündigt und unser Anbieter
wird, steht noch in einem anderen Buch, ob es auch klappt und wir nicht
wieder den Strom abgedreht bekommen, denn dann würde ich wirklich
durchdrehen!

Unser System ist mehr als FALSCH, es ist bescheuert und beschissen so
wie es läuft!

Mit Gruß und sorry für den langen Bericht ein frustrierter und
verärgerter Erich und ein auf den Nerven fertige Gabriela!

Garten und Handlauf

Schottwien 10.5.2023 Hallo Joachim!

Möchte dir nur kurz mitteilen, nun haben sie zwei Verträge beim Netz
NÖ bin neugierig ob jetzt der Wechsel funktioniert!

Anbei siehst du am Foto, ich habe nun einen Handlauf bei den Stufen ins Schlafzimmer gebastelt und montiert, somit fühlt sich Gabriela in der Nacht, wenn sie rauf muß, doch wesentlich wohler.

Bei Gartenfoto mußte ich heute aufgeben da beide Akkus leer geworden sind, bei dem hohen und dichten Gras, obwohl ich ja schon einen Teil mit der Motorsense gemäht habe, aber langsam wird es doch was!

Zu Peter mit den Katzen, wo wir ihn im Moment noch rauf lassen, soweit wir nicht selber gerade im Garten arbeiten. Nur wenn er auch nett ist, aber er hätte doch mal, wenn er schon unser Gras niedertritt, was das mähen erschwert, doch vielleicht mal den Rasenmäher rauf holen können und mal das Gras mähen, wenn er schon unseren Garten benutzt, was er aber nie getan hat und jetzt natürlich das über einen halben Meter hohe Gras sehr schwer zu bändigen ist, wir hoffen aber bald mal soweit das Unkraut und Gras entsorgen zu können.

Nikola sein Arbeiter hat heute die Armatur erneuert, wo er Probleme hatte, denn wer da vorher gearbeitet hat, hat die Anschlüsse total „abgenudelt" und er mußte mit einer Zange dann die Anschlüsse aufmachen, da ein Gabelschlüssel immer drüber gerutscht ist. Jetzt aber mal gute Armatur die nicht mehr wackelt! Er hat sich auch im Auftrag von Nikola die Terrassen angesehen und mal ein grobes Angebot gemacht, er will auch gleich die untere Terrasse machen, was wir vielleicht annehmen werden, wenn der KV nicht zu hoch wird! ☻

Das mal zu deiner Info, viel Spaß in Cran Canaria, mit Gruß von uns Drei Erich, Gabriela und Shiva „La Bestia"

Aus Positiv wird Negativ

Schottwien 11.5 2023

Hallo Joachim und liebe Fr. Scherz!
Bevor ich es vergesse, Joachim hat mir mal gesagt, das dicke Ding an der Decke im Kübelraum sorgt für Entfeuchtung! Nun meine Frage, was ist sinnvoller, wenn die Tür offensteht, was sie meistens ist, oder wenn sie geschlossen ist?
Das Nächste wie sie am Foto sehen, sind manche Parteien nicht mal fähig ihre Kartons zu falten damit mehr in den Kübel passen, ich weiß nicht, wer diese Dame ist, nur war die Adresse am Karton Verena Maskerle oder so ähnlich! Wir haben unsere ganzen Kartons zum Bauhof geführt, weil sonst sicher kein Platz dafür gewesen wäre!
Eigentlich wollte ich was Positives berichten und den Handlauf vom Stiegenhaus zeigen, nur als ich heute die Lampe im Stiegenhaus montierte und mich am Handlauf anhielt, ging der Schrauben aus der Wand!!! ☹ Mir unverständlich, wie jemand einen 10 mm Dübel nicht richtig in der Wand befestigen kann? Das ist jedenfalls nicht nur gefährlich, sondern ein Pfusch sondergleichen, was sind das nur für Arbeiter?
Mich stinkt es an, immer solche Meldungen machen zu müssen und mir wäre es lieber, schöne Berichte zu machen, so wie mein Handlauf den ich im Schlafzimmer montiert habe, und der geht sicher nicht aus der Wand raus, da nehme ich jede Wette an! ☺
Bitte um Info bzgl. Der Türe und wann jemand kommt den Handlauf ordentlich zu befestigen? Viele Grüße aus dem „Felsennest" von uns DREI
P.S.: Morgen sollen eventuell die Arbeiter kommen und die Brombeeren auf den Terrassen entsorgen, ich hoffe doch, daß es nicht regnen wird!

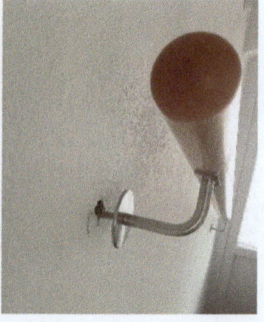

Re: Aus Positiv wird Negativ

Lieber Erich,   11.5.2023

habe dein Foto bereits an Nikolai weitergeleitet und ihm gebeten, dass ordnungsgemäß zu reparieren. Ich bitte dich ihn dennoch drauf aufmerksam zu machen, wenn er kommt um die Brombeeren zu beseitigen. Schließlich und endlich hab ich auch für das bezahlt, dh. Er muss es ordentlich machen.

Zur Türe im Müllraum. Da das Gerät mit Osmose arbeitet, ist es vollkommen egal ob die Tür zu oder offen ist.

34

Bezüglich des Kartons wurde ich sagen, es einfach zu kommunizieren. Prinzipiell ist Verena eine super Mieterin. Aber wie es bei uns am Land heißt, durchs reden kommen die Leut zam. Sollte es dennoch zukünftig ein Platzproblem geben, kann man eine weitere Papiertonne anfordern. Soweit ich weiß sind die gratis.

In diesem Sinne alles Gute und bis bald. Glg Joachim

Re: Aus Positiv wird Negativ

Hallo guten Morgen Joachim! Schottwien 12.5.2023

Da ich die Frau ja nicht kenne und selten jemanden sehe, kann ich auch nichts sagen und will eigentlich nicht als der böse Neue dastehen, außerdem kommuniziere ich nicht gerne mit Leuten, die zu blöd oder zu faul sind wenigstens die Kartons zusammen zu drücken! ☹

Zu Osmose, da kenne ich nur die Osmose bei GFK Booten die den Rumpf unter Wasser kaputtmachen, und unseren Filter am Segelboot der ja auch mit Osmose aus Salzwasser dann Süßwasser macht, wo mit hohen Druck durch einen Membran Filter das Wasser durch gedrückt wird. Ich kann nur mit Erfahrung mit den Entfeuchtung Tabletten dienen, aber dort ist, wenn man die Tür von einem Raum offen hat und es z.B. bei hoher Luftfeuchtigkeit (Regen) die Tablette in einer Woche zu Ende, also dort ist es sicher nicht gut die Tür offen zu lassen, deshalb meine Frage! ☺

Was die genau gemacht haben, ist mir unklar, denn wenn das Loch zu groß gebohrt wäre, dann wäre ja der ganze Dübel raus gegangen, nur das die einen zu großen Dübel verwendet haben verstehe ich schon gar nicht, denn die werden ja mit dem Handlauf normal mitgeliefert, ehrlich gesagt ich habe sowas noch nicht gesehen! ☹

Das mit der Duschkabine ist auch ärgerlich, weil ja das ganze Wasser auf den Boden rinnt, weil die zwar versucht, haben da die Dichtungen rein zu drücken, nur ist da die Türe und Wand ja sehr verbogen und unten fehlt auch die Führung!

Damit du siehst, wir wollen dich sicher nicht überfordern, werden wir von einem Installateur ein Handwaschbecken im Bad das ein wenig größer ist, selber bezahlen und montieren lassen, denn mit diesem kleinen ist es ein Problem sich zu waschen, wir hatten am Boot ein größeres! ☺

Da es heute regnet wird von Nikola wahrscheinlich, verständlicherweise niemand vorbei kommen, und Roman ist auch noch nicht aufgetaucht, gut das wir es nicht so eilig haben, auch wenn wir in der Nacht zig mal von dem „tok, tok" aufwachen! ☹

Mit besten Grüßen von uns Drei ich gehe jetzt einheizen! ☺

Informationen zu Hauptstraße 38

Schottwien 18.5.2023

Hallo Joachim und liebe Fr. Scherz!

Obwohl ich heute Namenstag habe, will ich noch ein paar Informationen geben, die sich ergeben haben und vielleicht doch was über die schlampigen Arbeiter der Firmen die ja sicher bezahlt wurden aussagt!
Ich möchte betonen, es sind nicht Reklamationen und ich hoffe einen Teil dieser Sachen selbst erledigen zu können, nur wenn man eine Firma für eine Arbeit bezahlt, dann sollte die auch professionell erledigt werden, und nicht wie ich jeden Tag was Neues entdecke, was eindeutig ein PFUSCH ist.

36

Zum ersten Foto: Wie man sieht habe ich die Beiden Terrassen mal von den Brombeeren befreien lassen und der größte Teil ist schon entsorgt! Aber ich habe leider vorher schon bezahlt, also hoffe ich doch, daß Nikola seine Arbeiter nochmals kommen und die vielen stacheligen Brombeeräste, die noch herumliegen und an der Mauer noch nicht geschnitten wurden noch fertigmacht, denn es ist sicher nicht lustig, wenn unser Hund da darüber läuft, ich glaube auch nicht das jemand da Barfuß herumlaufen will! ☺

Zweites Foto: Der Abfluß für die Waschmaschine dürfte auch verlegt sein, denn nach erster Inbetriebnahme wurde das Wasser zurückgedrückt und wir mußten auf Tunken, weil es der Abfluß nicht schaffte! Ich hoffe nun, daß selbst erledigen zu können, nur bekomme ich die Verschlußkappe nicht runter, ist so fest zugedreht, ich muß erst eine Zange mitnehmen da ich noch nicht alles Werkzeug von Wien mitgebracht habe! Eigentlich sollte man die Kappe mit der Hand aufschrauben können, wer sie so fest angezogen hat, weiß ich nicht! ☹

Drittes Foto: Da wir ein Moskitonetz anbringen wollten, aber die Pfuscher zu faul waren die Klebestreifen von den Fensterrahmen weg zu nehmen, ist es jetzt ein großes Problem sie runterzubekommen, weil sie sich in zig Teile auflösen! Was man sieht, sind die Rahmen nicht mal abgedichtet worden, wo also ohne Probleme Wasser eindringen kann, wer so was macht und so Fenster einbaut ist kein Pfuscher sondern ein Idiot und er müßte Geld zurück geben!

Viertes Foto: Das Laminat vor der Türe ist relativ weich und gibt nach, wenn man drauf steigt, also frage ich mich, welcher Idiot dieses Laminat verlegt hat und welchen Unterboden er gemacht hat? Es ist nur eine Frage der Zeit, bis es bricht und sich auflöst!

Fünftes Foto: Die Türleiste zum Bad ist auch lose, aber ich werde sie

37

selber mit Montagekleber befestigen, weil ich bei der Abwasch an der Mauer einen Spritzschutz mit Glasplatte ankleben will!

Sechstes Foto: Hier kann ich leider selber nichts machen, nur zeigen sich an der Decke die ersten Risse wo der Stoß von dem Rigipsplatten nicht ordentlich gemacht ist und falsch verlegt worden ist, was mich bei den Firmen die hier gearbeitet haben, nicht wundert!

Übrigens will ich, da die Falttür sich langsam auflöst, dort eine ordentliche stabile Schiebetüre machen, was wir uns aber selber zahlen werden, aber wir noch etwas sparen müssen, wird an die 500.- € kosten, nur im Winter dann auch wirklich gegen die Kälte abdichten!

Das waren mal die letzten Infos, wo bei wir noch auf den Handlauf warten und hoffentlich auch Roman Redwell auftaucht, um die Infrarotpaneele ordentlich zu montieren, damit wir nicht zigmal in der Nacht mit dem „dong, dong" aufwachen, was sehr nervend ist, und ich denke das die Montage der Paneele sicher nicht billig war, aber total verpfuscht worden ist! Die Duschkabinentüre soll ja auch bald gemacht werden!

Mit lieben Grüßen aus Schottwien, Erich, Gabriela und Shiva „La Bestia"

Müllhalde haben wir nicht gemietet!

Schottwien 19.5.2023

Hallo Joachim und liebe Fr. Scherz!
Leider diesmal wieder eine Hiobsbotschaft zu berichten, weil wir eine Müllhalde hinter dem Haus haben, die wir aber sicher nicht gemietet haben!
Das wir für die Entsorgung der Brombeeren selber bezahlen ist ja unsere

eigene Entscheidung gewesen, aber sicher bezahlen wir nicht für das Wegräumen der Müllhalde hinter dem Haus auf der Terrasse wo man sicher den Hund nicht rauf laufenlassen kann, weil dort viele Glasscherben von zerbrochenen Fenstern und sonstiger Müll liegen! Somit bitte ich, diese Müllhalde so bald als möglich zu reinigen und entsorgen zu lassen.

Ich glaube nicht, daß Joachim dafür bezahlen muß, denn diese zerbrochenen Fensterscheiben können ja nur von der Pfuscher Firma die an den Fenstern gearbeitet hat, dort hingeworfen worden sein, also müßte sie diese Firma auch entsorgen. Sollte Joachim damit Probleme bekommen, ich habe einen guten Rechtsanwalt der diese Firma sicher gerne verklagt, und vielleicht auch noch für die Pfuscherarbeiten noch Geld zurück fordern kann! 🙂

Jedenfalls ist das eine sonderliche Frechheit so etwas zurück zu lassen und einen Garten als Müllhalde zu benutzen, was sind das nur für „Menschen„ gewesen die so arbeiten?

Bitte um baldige Reinigung der Müllhalde auf der Terrasse, und noch ein schönes Wochenende, Viele Grüße E&G&S „La Bestia"

Re: Müllhalde haben wir nicht gemietet! 😠

Hallo Erich, 19.5.2023

Fairer Weise muss ich dazu sagen, dass das schon länger dort liegen kann. Der Garten wurde, nie wirklich benutzt und es kann auch von Arbeiten sein, bevor ich das Haus Ende 2018 erworben habe. Sollte es aber direkt hinterm Haus sein, dann ist es mit hoher Wahrscheinlichkeit von den Arbeitern, die den Dachboden gedämmt haben. Unabhängig davon, bietet die Gemeinde Schottwien gratis Sperrmüll Entsorgung an. Dh. Kosten tut es einmal nichts! Sollte es direkt hinterm Haus sein, dann bitte gib mir Bescheid, dann kann ich es weiterleiten. Sollte es oben sein, werden wir wen beauftragen, es weg zu bringen.

Glg Joachim

Re: Müllhalde haben wir nicht gemietet! 😠

Hallo Joachim! 19.5.2023

Es ist direkt unter dem Dachboden und Rauchfang auf der Rückseite auf der unteren Terrasse! Auch wenn sie den Dachboden geräumt haben, können es keine Menschen gewesen sein, die so was machen und dort liegenlassen! Am Prospekt war der Garten aber schon benutzt worden, oder ist das Fotoshop gewesen?
Da es zerbrochene Fensterscheiben sind, wieso sollen die am Dachboden gelegen sein?
Das Wegräumen ist sicher nicht lustig, man scheidet sich und wie soll man es zum Depot bringen ohne Anhänger und dann nur zu gewissen Zeiten offen! Ciao tut leid dich damit zu belästigen, aber das mit der Müllhalde finde ich schon arg!

Danke für deinen Anruf!

Guten Morgen Joachim!   20.5.2023

Hoffen wir mal für Montag das Beste mit Nikola seinen Trabanten! Ich weiß du telefonierst lieber, ich schreibe lieber, da ich leider sehr schlechte Erfahrung gemacht habe, was mit Versprechungen am Telefon nicht eingehalten wurden! Weil dann jemand sagt, habe ich nicht gehört, oder habe ich nicht gesagt! Wie sagte schon mal jemand: Meine Waffe ist nicht das Schwert, sondern das Wort!
Ich hoffe im Keller vielleicht einen Haupthahn zu finden, um oben Wasser zu bekommen, denn wie sollen wir etwas anbauen können oder Rasen gießen ohne Wasser? Es ist schon schwer ohne außen Stromanschluß, aber da ich nun fast alles mit Akku gekauft habe, ist es weniger Problem mit Gartenarbeit! Aber Wasser wäre schon wichtig, und da es ja mal funktioniert hat, wir haben oben sogar Düse von Gardena gefunden, also muß jemand dort einen Schlauch angesteckt haben.
Hoffentlich hast du mal Zeit und kommst auf einen Cafe vorbei, mit besten Gruß und heute wieder morgendlicher Regenschauer, alles Gute von uns DREI
P.S.: Haben mal die ersten Trittsteine gekauft damit man die Obere Terrasse ohne Probleme mal erreichen kann!

43

Re: Danke für deinen Anruf!

Lieber Erich, 20.5.2023

kein Problem. Also wie schon gestern besprochen hat Nikolai versprochen dass er am Montag zu euch kommt und alles macht. Ich werde ihn morgen nochmals kontaktieren und ihn bitten dass er dich anrufen soll. Bezüglich Wasserhahn würde ich sagen, dass ihr bei der Immobilienverwaltung anruft und euch die Nummer vom Installateur Spanblöchl geben lässt.   Glg Joachim

Re: Danke für deinen Anruf!

Guten Morgen Joachim!   21.5.2023

Danke für Kontaktaufnahme, gestern hat Nikola noch angerufen und gesagt er kommt am Montag, also wir sind da und hoffen wir auf das Beste! Wegen Wasserhahn werde ich Installateur kontaktieren, im Keller habe ich keinen Haupthahn gefunden, weiß nicht, ob es im unteren Haus auch einen Keller gibt wo er sein könnte?
Ich gebe dir wegen der Arbeiten Bescheid, am Dienstag sind wir ja wegen meiner Gastherme wieder kurz in Klosterneuburg! Werden sehen, wo wir unsere Geburtstage feiern werden, ich kann es fast nicht glauben, daß ich am 25. Schon 73 Jahre „jung" bin, Gabriela feiert am 29. Ihren 60. Also hoffen wir doch, daß wir die nächsten 30 Jahre bei dir im Haus verbringen können! Ciao und wenn du arbeitest, guten Flug E&G&S „La Bestia"
P.S.: Am Foto siehst du was wir nur aus ein paar m² aus der Wiese noch mit dem Rechen rausgeholt haben, damit Shiva wenigstens halbwegs sicher herum laufen kann. Wir hoffen, wenn sie dann fertig sind, sie auch wirklich alles mitnehmen, nicht so wie hinter dem Haus die Scherben! Leider sind auch in der Wiese noch teilweise viele, viele kleine Glasscherben, wir glauben sie zwar aus, aber alles sieht man ja nicht gleich! Sowas sind halt die Nachwirkungen von „Vandalen"

Tel.Nr. von Hausinstallateur

Hallo liebe Fr. Scherz!   22.05.2023

Ich bitte um die Tel.Nr. vom Hausinstallateur Spanböchel und auch eventuell E-Mail-Adresse. Ich möchte herausfinden, wo das Wasser zum Aufdrehen ist, für den Wasserhahn ober auf der Terrasse, der jetzt nach entfernen von Brombeeren sichtbar wurde. Joachim meinte, der müßte es ja wissen, denn ohne Wasser wird es Probleme geben einen Rasen zu gießen und ein eventuelles Hochbett mit Kräutern und Salat, daß meine Frau gerne hätte, würde auch problematisch sein! ☺

Möchte ihn mal kontaktieren und befragen, Hochachtungsvoll ihr Erich Beyer i.V. Gabriela Beyer-Albrecht

Fwd: Re: Tel.Nr. von Hausinstallateur

Sehr geehrter Herr Beyer,   22.05.2023

anbei senden wir Ihnen die Telefonnummer und E-Mail Adresse von der Firma Spanblöchl (Installateur)

office.wsi@aon.at   T: 0699 10879458

Mit freundlichen Grüßen   Carina Scherz

Re: Fwd: Re: Informationen zu Hauptstraße 38

Hallo liebe Fr. Scherz!

45

Ich habe auch mit Joachim telefoniert und auch alles besprochen! Heute haben sie noch Brombeeren entsorgt und einen Teil vom Müll hinter dem Haus, aber es sind noch viele kleine Glasscherben in die Erde eingetreten, ich hoffe sie werden es noch gründlicher machen! Übrigens am 25. Habe ich Geburtstag, bitte keine Geschenke über 1000.- € kaufen, das wäre mir peinlich, weil ich sie immer so mit meinen Emails quäle! ☺ Grins, hi, hi

P.S.: Habe auch heute mit Installateur telefoniert, er wird sich das Ansehen, ob er den Wasserhahn findet!

Gruß von uns Drei und schönen Tag noch! ☺

Sehr geehrter Herr Beyer,

vielen Dank für Ihre Informationen, die wir zur Kenntnis nehmen. Wir wünschen Ihnen noch nachträglich „Alles Liebe zu Ihrem Namenstag". Mit freundlichen Grüßen Carina Scherz

Glasscherben

Klosterneuburg 28.5.2023

Hallo Joachim!

Ich möchte dir nicht den Sonntag verderben, aber war heute kurz im Haus und mußte leider feststellen, wie viele Glasscherben noch immer hinter dem Haus liegen, siehe Fotos:

Ich hoffe du schaffst es, daß die von Nikolai diese noch entsorgen, denn so kann man es nicht lassen, wie du ja an Bildern siehst!

Ich werde leider auch nochmals mit ihm reden müssen, denn es liegen noch sehr viele Brombeeräste teilweise bis zu 2 cm dick auf Beiden

Terrassen und im Garten, da ich aber bezahlt habe, wo er es auch entsorgen muß, will ich es auch so haben, so schlampig kann er es nicht zurücklassen! Sein Vorarbeiter wollte auch, daß ich ihnen die Waschmuschel im Bad montieren lassen, aber wenn ich so die Arbeitsmoral sehe, bin ich nicht sicher, vor allem wie sie in der Küche gearbeitet haben und beim Handlauf, bin ich nicht sicher ihnen den Job machen zu lassen, auch wenn sie vielleicht billig sind, nur wenn es mich nur ärgert, kann ich gerne darauf verzichten!

Wir kommen am Dienstag wieder nach Schottwien weil wir am Mittwoch eine Gefrierbox geliefert bekommen, nur mußten wir nach Klosterneuburg für Service der Gastherme und das Gras oben im Haus war schon 1,5 m hoch, wir mußten hier auch mal schneiden und alles aktivieren und von Wien weiter ausräumen und nach Schottwien bringen!

Noch schönen Sonntag, vom Berg in Klosterneuburg, E&G&S „La Bestia"

Aussagen von Hausparteien!

Schottwien 30.5.2023

Hallo liebe Fr. Scherz und Joachim!

So wie es aussieht, haben sie hinter dem Haus nochmals Glasscherben entsorgt nur sind noch genügend übrig, ich würde nicht barfuß dort laufen müssen, so auch unser Hund dort sicher nicht gut aufgehoben! Aber mehr beunruhigend für uns ist eine Aussage von Anna, ich denke jedenfalls das sie es war, denn es waren Freunde bei uns, nur wir waren nicht zu Hause aber sie fragten mich am Telefon, ob sie in den Garten rauf gehen können und Haus besichtigen! Da traf unsere Freundin auf eine dicke Frau mit zwei dicken Katzen, also denke ich, daß es Anna war. Im Zuge des Gesprächs von unserer Freundin wurde dann die Aussage gemacht, daß sie die Erlaubnis von der Hausverwaltung hätten, mit ihren Katzen unseren Garten mitzubenützen! Somit sind wir etwas verwirrt, denn sicher werden wir in nähere Zukunft, mit niemanden unseren Garten teilen, schon gar nicht mit unseren Hund Probleme mit anwesenden Katzen haben wollen.

Von dem mal abgesehen, daß in der Vergangenheit von ihnen das Gras zusammengetreten wurde, was dann für uns ein Mähen erschwert, und wie wir ja gesehen haben, es niemand der Mühe wert fand, einmal dort mit dem Rasenmäher zu mähen, und nur das Gras nieder treten in UNSEREN Garten ist doch nicht der Sinn der Sache!

Wir haben das Haus mit Garten gemietet und werden es sicher mit niemanden teilen, weil wir sicher nicht fragen wollen, wann wir in den Garten können, vor allem wenn ihn wir pflegen und für die Rodung mal bezahlt haben. Also ich weiß nicht ob von der Hausverwaltung hier eine Erlaubnis erteilt wurde oder nicht, jedenfalls wurden wir nicht gefragt und wir werden den Garten in Zukunft sicher nicht mit jemanden und Katzen teilen!

Wir hatten bis Dato nichts dagegen, wenn wir nicht da sind, das in den Garten gegangen wird, nur werde ich in Kürze eine Tür machen und zu sperren, denn wir haben ein Haus mit Garten für uns und unseren Hund gemietet und hätten ohne den Garten sicher das Objekt nicht gemietet!

Da in diesem Haus anscheinend viele Aussagen gemacht werden, die nicht unbedingt stimmen müssen, habe ich dieses Schreiben an sie gerichtet ob diese Aussagen stimmen? Auch die andere Dame mit den zwei Katzen im Erdgeschoß machte meiner Meinung nach, sicher eine falsche Aussage, denn als ich mit ihr sprach, sagte sie uns, sie gehe mit ihren Katzen an der Leine über die Eisentreppe auf der obersten Terrasse in den Wald spazieren, was aber sicher nicht stimmen kann, denn obwohl wir jetzt mal die Brombeeren entsorgen ließen, kann man nicht mal mit einer Machete durch das Dickicht in den Wald kommen, also hat sie eindeutig gelogen.

Sie erklärte uns auch, daß bei uns im Haus das Wasser an den Wänden im Stiegenhaus runter gelaufen ist, und sie selber 3500.- € bezahlt hat, um in ihrer Wohnung den Schimmel beseitigen zu lassen. Also die

Geschichten, die sich hier abspielen gehören eher in einen Gemeindebau und nicht in eine Hausgemeinschaft wie sie sein sollte!
Jedenfalls wäre es angebracht, den Mietern zu schreiben, daß sie keinerlei Rechte auf die Mitbenützung unseres Gartens haben, damit das mal eindeutig erklärt wird, denn wir haben es satt sich alle möglichen Geschichten anzuhören, ob sie nun wahr sind oder nicht!
Somit schöne Grüße von uns Drei Gabriela, Erich und Shiva! „La Bestia"
P.S.: Der Hausinstallateur dürfte sich auch noch nicht um die Wasserleitung gekümmert haben, obwohl er versprochen hat sich das anzusehen! 🙁

Fwd: Re: Aussagen von Hausparteien!

Sehr geehrter Herr Beyer,　　　　*31.5.2023*

danke für den ausführlichen Bericht.

Mit freundlichen Grüßen　　　　*Carina Scherz*

Nur zu deiner Information!

Schottwien 1.6.2023

Hallo Joachim!

Bitte mache dir keinen Streß mit dem lesen, will dir nur die letzten Neuigkeiten berichten!

Heute habe ich lange mit Peter gesprochen und NOCHMALS die Sache erklärt und geklärt! Ich sagte ihm auch, er tritt oben das Gras zusammen und hat auch in der Vergangenheit es nie der Mühe wert gefunden, einmal mit dem Rasenmäher zu gehen, und er will jetzt und auch Anna, nicht mehr rauf gehen!

Ich sagte, daß ich es nicht will, das mir seine Katzen auf die Fußmatte scheißen, wobei ich auch sagte ich weiß nicht ob es seine waren, oder die vom ADEG Nachbarn, aber er verstand meinen ärger. Zur Aussage von Erlaubnis der Hausverwaltung, sagte er nur, daß angeblich Marion versprochen hatte. Daß ALLE Hausparteien den Garten oben benutzen können. Nachdem ich etwas „nachgebohrt" habe und ihm sagte ich glaube da Marion doch mehr, denn es war nur für die Zeit wo das Haus und Garten noch nicht vermietet war! Dann sagte ich ihm auch noch, das ja Marion ihm angeboten hat, den Garten mitzumieten, wo er dann nach etwas zögern sagte, er weiß es nicht mehr so genau, aber es könnte stimmen, was da Marion gesagt habe und er es nicht wollte! Also stimmt doch was Marion sagte und nicht was da so herumerzählt wird.

Ich verstehe ihn mit seinen Katzen, und er hat mir eingestanden, daß auch er mich verstehe und ich weder Katzen noch Fremde in meinen Garten haben will, weil ich erklärte, ob er sich vorstellen kann, wenn dann statt zwei Katzen noch fünf Kinder in unseren Garten sind, und ich sicher kein Haus mit einem Kindergarten daneben mieten würde, noch aufpassen will ob ich in meinen eigenen Garten kann, oder ob er gerade besetzt ist! Er sah ein, das wenn er ein Recht haben wollte, es rechtzeitig beim Mietvertrag hätte niederschreiben müssen, wie ich eben ein Haus mit Garten gemietet habe, weil es mit unserer Shiva eben nicht anders geht!

Nun soweit mal alles geklärt, Roman will morgen um 0700 bereits kommen und das Paneel reparieren, er versteht nicht wie die Dübel raus gerissen sind. Hoffe es wird morgen erledigt, und ich kann mich zurück halten, denn ohne Frühstück werde ich zur „Bestie" Nikolai will auch nochmals kommen und die restlichen Brombeeräste entsorgen! Übrigens... er meinte das seine Leute seinerzeit alle Glasscherben weggeräumt haben, und dann später irgendwer erst die neuen zerbrochenen Fenster hingeworfen hat??? Wer sollte das denn gemacht haben?? Er will jedenfalls kommen und die restlichen Brombeeren entsorgen und obwohl er mir schon vor zwei Wochen sagte, er hat mit dir wegen der Duschkabine gesprochen, meinte er heute er müsse erst mit dir reden!

Nun das ist das Neueste, damit dir nicht fad wird, hast du etwas zum lesen   Guten Flug und viele Grüße von uns Drei

Wir bitten um Entschuldigung!

Schottwien 4.6.2023

Hallo Joachim!

Als erstes bitte ich um Entschuldigung, daß dich jemand ohne Charakter am Sonntag belästigt hat! Ich habe über den Postkästen eine Nachricht mit Entschuldigung hinterlassen, wobei ich die Zeit mit einer Minute sogar aufgerundet habe, denn für drei Schnitte bei einem 8cm dicken Ast brauche ich sicher nicht mehr als 10-20 Sekunden, aber egal! Jedenfalls dürfte der oder diejenige keinen Charakter haben, denn es hätte ein Wort genügt, nur war ich da ja sicher schon fertig, also warum sie dich dann noch anrufen, ist mir unklar. Wie schon gesagt hat der ADEG Nachbar mit einer Motorsense und dann mit Rasenmäher gearbeitet, nur dadurch das wir Beide im Garten mit der Gartenschere die Äste gezwickt haben und wir zu sehen waren, dürfte auch der Dümmste nicht diesen Lärm uns zuordnen!

Nochmals, es tut uns leid, daß dich dieses Charakterlose A.... angerufen hat, ich finde es als nicht schön und richtig, so was zu tun!

Zweite Entschuldigung ist für die Müllkübel, Du hast recht, sie werden erst morgen ausgeleert, die Kübel draußen waren die anderen, nur habe ich jetzt gesehen, die werden nur alle DREI Monate geleert, was ist mit Schottwien los, ich kann es gar nicht glauben, zwei Kübel und nur alle drei Monate???

Noch schönen Sonntag von uns DREI!

Re: Wir bitten um Entschuldigung!

Lieber Erich,   *4.6.2023*

du musst dich bei mir wirklich nicht entschuldigen. Ich helfe jeden meiner Mieter gerne wo es geht und wenn es mal ein Sonntag ist, werde ich es überleben. Wir hatten da oben bis jetzt eine gute Stimmung und ich gehe davon aus, dass wir das auch weiter haben werden. So wie ich dir die Möglichkeit gebe dich zu äußern, gebe ich sie auch meinen anderen Mietern. Wichtig ist für mich wie schon erwähnt ein gutes auskommen und da muss jeder seinen Betrag leisten. Meistens liegt es, aus meiner fast 20 jährigen Erfahrung im Dienstleistungsbereich, an der Kommunikation. Wie ich schon des öfteren erwähnt habe, kommen bei uns am Land „die Leut durchs reden zam". Schön wäre, wenn das hier auch gelingen würde und man einen gemeinsamen Nenner findet, weil um ganz ehrlich zu sein, es ist nicht wirklich was schlimmes passiert. Ich weiß, dass wo viele Menschen zusammen kommen es viele Meinungen und Ansichten gibt. Jeder lebt in seinem eigenen Universum, wo jeder sein eigenes Verständnis für gut und schlecht, richtig oder falsch ist. So ist es natürlich auch im Nachbarschaftlichen Verhältnis, sprich in der Hauptstraße 38. Deshalb bitte ich dich, diesen Vorfall nicht zu sehr auf die Waagschale zu legen, sonder es lediglich als Berichterstattung, so wie du es auch machst. Ich hoffe, dass du deine Nachbarn, so nett und ruhig, siehst wie ich sie sehe und das jeder den anderen mit Respekt und Freundlichkeit entgegen kommt und so behandelt, wie man selbst behandelt werden möchte. Ich hoffe du bist hier der selben Meinung wie ich möchte ich dir abschließend mit dem Zitat von Immanuel Kant einen schönen Sonntag wünschen. „Der Friede ist das Meisterwerk der Vernuft"!

Ganz liebe Grüße an alle   Joachim

Zu Vernunft und reden!

53

Hallo Joachim!   4.6.2023

Ich will dich nicht belasten, schon gar nicht am Sonntag, nur reden tun hier eher wenige mit uns! Die „anderen" Mieter haben uns diesen Brief geschrieben, wie du lesen kannst, worauf ich ihnen auch nochmals eine Antwort geschrieben habe, nur kommt es mir vor wie in einem Kindergarten, was hier so läuft!

Zum Reden, was wir sicher tun, kam Peter und Anna nach dem Schreiben der „anderen Mieter" sofort zu uns und wir haben bei uns einen Café getrunken und über eine Stunde geplaudert, weil sie niemand gefragt hat, und sie sicher nicht zu den „anderen" Mietern gehören und sich ihrer Meinung anschließen wollen, was ich auch gleich wußte, da ich ja mit Peter vorher schon lange und ausführlich gesprochen habe, wie ich dir ja schon mitteilte. Da ich nur mit den Beiden gesprochen habe und andere nur im vorbei gehen kenne, habe ich sicher keinen ein „Arschloch" genannt, obwohl er bei solch einer Aktion dich am Sonntagmorgen anzurufen wegen einer Minute Kettensäge, sicher eines ist! Wie sang schon seinerzeit Ludwig Hirsch: „Man muß seinem Vater du Oarschloch sogn, wenn er wirklich eines ist"

Nun wie sagte mein Freund Thomas Bernhard immer: „Meine Waffe ist das Wort, und nicht das Schwert!" Und somit habe ich es auch vermieden hier eine Konfrontation entstehen zu lassen, nur wie gesagt, mit uns hat außer Peter und Anna noch keiner geredet, außer was ich dir auch geschrieben habe, von der die mit Sachwalter ist und die Lügengeschichten über ihre Wohnung erzählt hat, was ich aber ignorierte, und ihr sich bei unserem Gespräch nicht gesagt habe, das sie eine „gestörte" ist, obwohl es der Wahrheit entspricht! Also ist es nicht immer leicht mit jemanden zu reden, und wie sagte mein Lieblings Philosoph schon vor vielen Jahren: Jean-Jacques Rousseau,

          „Hüte dich denjenigen die Wahrheit zu sagen, die nicht imstande sind sie zu begreifen"

In diesem Sinne, viele Grüße von Erich, Gabriela und Shiva „La Bestia"

54

Liebe Nachbarn!

Wir sind wir ein sehr harmonisches Haus, jeder kommt mit jedem gut aus. Wir würden im Normalfall auch persönlich reden. Sie strahlen jedoch eine sehr aggressive Art aus, dass das nicht leicht fällt.

Sie haben sich beschwert, dass Kartons umgefallen im Altpapier liegen. Sie beschimpfen die Nachbarn hier als "Gestörte" & "Arschlöcher!" So einen Umgangston haben wir hier nicht. Wir möchten lediglich unsere Ruhe haben hier. Deshalb wohnen wir alle hier. Keine Lärmbelästigung am Sonntag, kein Rumgeschrei (das hört man obwohl alle Fenster geschlossen sind.) & auch kein Gebelle den halben Tag bzw. vor allem in der Früh, wenn andere noch schlafen. Man muss sich auch an Regeln & Gesetze halten, bzw. an Gesellschaftsregeln. Es funktioniert hier seit immer ruhig & harmonisch & wir würden uns freuen, wenn Sie sich auch integrieren, an Regeln halten, niemanden beschimpfen, sodass hier alle gut miteinander auskommen!

Die anderen Mieter

WENN SIE „DIE ANDEREN MIETER" INKLUDIEREN, DANN SOLLTEN
SIE AUCH DIE „ANDEREN" FRAGEN OB SIE DABEI SEIN WOLLEN?
ZU KARTON: ICH WEIß NICHT WER DIE VERENA IST, NUR
KÖNNTE SIE DEN KARTON WENIGSTENS ZUSAMMEN FALTEN,
DAS WAR DER GRUND MEINER BESCHWERDE?
ZU HARMONIE, WO SIE NICHT MAL MIT UNS REDEN KÖNNEN
SONDERN JOACHIM ANRUFEN? WARUM SPRICHT MICH
NICHT DER „JEMAND" AN ZU DEM ICH „ARSCHLOCH" GESAGT
HABE? WAS EINDEUTIG GELOGEN IST, DENN FRÜHER
MIT PETER. ANNA HABE ICH MIT NOCH NIEMANDEN
WIRKLICH GESPROCHEN?
ZU BELLEN: DA WIR NIE VOR 8 UHR, GABBI GOTTON, WO
NIEMAND MEHR SCHLÄFT, WAR NUR AN EINEM TAG
WO ELEKTIKER ZUR UNCHRISTLICHEN ZEIT, NÄMLICH
UM 7 UHR GEKOMMEN SIND WO „SHIVA" GEBELLT
HAT? LEIDER WENN „SHIVA" KATZEN IN UNSEREN
GARTEN SIEHT, DANN WERDEN DIE EBEN VERBELLT!
LEIDER BELLEN HUNDE, UND ES IST LAUT GESETZ
AUCH ERLAUBT? UND LEIDER MUSS ICH AUCH LAUT
SCHREIEN WENN ICH „SHIVA" ZURÜCK RUFE, ABER AUCH
DIE KINDER IM NACHBAR GARTEN SCHREIEN DEN
GANZEN TAG ÜBER, WO „SHIVA" AUCH ZURÜCK BELLT?
DAS ZUM UMGANGSTON MIT MIR? SIE SOLLTEN
MICH MAL AGRESSIV SEHEN, DENN BIS JETZT BIN
ICH ES ZU KEINEN MIETER GEWESEN, ALSO UNTER =
LASSEN SIE SOLCHE ANSCHULDIGUNGEN?
BITTE NOCHMALS FÜR DIE MINUTE KETTENSÄGE
AM SONNTAG UM ENTSCHULDIGUNG?
ABER NACHDENKEN BEVOR SIE ANSCHULDIGUNGEN
MACHEN?   DIE MIETER VON TOP 7
            ERICH + GABRIELA

56

Nur ein kurzes update!

Schottwien 6.6.2023

Hallo Joachim!

Möchte nur kurz zeigen, wo wir von der Mauer die sehr hartnäckige Wurzel nun schon fast entfernt haben, um dann den Sichtschutz anzubringen. Die Küchenzeile haben wir etwas verlängert, obwohl auch so genug Platz in der Küche wäre, aber von einem Freund den Vollholzküchenteil bekommen und dazu gebaut. Heute auch endlich mein Studio in Betrieb genommen und kann gute Musik hören!

Schönen Tag noch. Mit Gruß von uns Drei!

58

Bitte an Nikolai weiterleiten

Schottwien 8.6.2012

Hallo Joachim!

Bitte wenn du Zeit hast, leite diese Fotos oder Email an Nikolai weiter!
Als ich ihn letztes Mal anrief wegen Duschkabine und Garten, wollte er
daß ich ihm Fotos sende von den Brombeerresten, die noch immer
umher liegen. Ich kann die schon wieder nachgewachsenen nicht
schneiden, sonst sieht man den alten Rest der Äste nicht mehr die nun
seit Wochen noch immer herum liegen!

1. Foto: Man kann die Äste eigentlich nicht übersehen die sie
liegengelassen haben!

2. Foto: Dieser Haufen ist nur von drei m² auf der oberen Terrasse, die
ich nun zum Anschauen selber zusammen gerechnet habe, was aber die
Aufgabe von den Arbeitern gewesen wäre, die ich ja dafür bezahlt habe!

3. Foto: Diese dicken auch nicht zum übersehen Brombeeräste liegen
auch noch überall auf der unteren Terrasse herum und wurden nicht
weggeräumt!

4. Foto: Diese Äste haben wir nun zum zweiten Mal aus dem unteren
Gartenbereich raus geklaubt die vom Abtransport dort liegengelassen
wurden, damit ich wenigsten Rasen mähen kann!

Tut leid dich damit belästigen zu müssen, aber ich habe leider keine
Email Adresse von Nikolai!

Noch schönen Feiertag, aber ich weiß nicht wie oft ich Nikolai noch
anrufen soll und reklamieren?

Gruß von uns Drei

P.S.: Ich hoffe doch, daß es ersichtlich ist was da übriggelassen wurde!

Aber für uns ist ein Abtransport eher schwierig, was der Grund war jemanden zum Schneiden und weg räumen zu beauftragen.

63

Kellerbeleuchtung!

Schottwien 19.6.2023

Sehr geehrte Fr. Scherz!

Anbei nur zur Info, wir haben die Mauerumrandung nun schon zum größten Teil von der Brennessel und Unkraut befreit, was jahrelang dort auf der Brüstung gewachsen ist und nicht entfernt, wurde, was sicher nicht für die Mauer förderlich ist. Ich habe nun auch eine Gartentüre gezimmert und teilweise schon einen Sichtschutz angebracht, damit unsere Shiva nicht immer zu den Katzen runter bellt die immer dort in den Fenstern sitzen! ☺ Damit sich niemand aufregt, wenn sie unnötig herum bellt, leider nicht zu verhindern, wenn die Nachbarskatzen in unseren Garten herumlaufen, was sie verständlicherweise, gar nicht will! ☺ Leider bellt sie auch, wenn die vielen Kinder auf der anderen Seite im Garten unnötig laut herumschreien, wo ich manchmal glaube wir haben uns neben einen Kindergarten eingemietet! ☹

Das war die Info, nun zu meiner Bitte, weil ich es nicht verstehe, warum der Elektriker einen Leuchtstoffbalken im Müll raum montiert hat, wo aber sogar Fenster sind, sogar in der Türe, aber nicht um fünf Meter weiter im Kellerabteil einen zweiten Balken montierte? Denn dort ist es stockfinster und man sieht nichts, also warum man dort keine Beleuchtung montierte, ist mir unerklärlich und ich verstehe eigentlich nicht, warum man das nicht schon früher gemacht hat, und ich jetzt darum bitten muß? Es ist umständlich dort Geräte zu verstauen oder zu holen, wenn man in einer Hand immer eine Taschenlampe halten muß! ☹

Jedenfalls viele Grüße aus Schottwien ihr Erich, Gabriela und Shiva

P.S.: Übrigens habe ich den Hausinstallateur Spanblöchel bereits VIERMAL angerufen und auch Email gesendet, er fand es aber seit

Wochen nicht werde mal nach zu sehen, warum ich kein Wasser auf der Oberen Terrasse aus der Leitung kommt?

Rückseite bricht an der Ecke ab!!!

Schottwien 19.6.2023
Sehr geehrte Fr. Scherz und Joachim! Hallo Joachim!

Es tut mir leid dich damit belästigen zu müssen, aber ich weiß nicht wie weit daß nun die Hausverwaltung betrifft, somit an Beide geschrieben! Da wir jetzt selbst mal die Terrassen freigelegt haben, bekamen wir nun Einsicht in den hinteren Teil der unteren Terrasse, was uns etwas schockierte! Warum die Rückseite nicht verputzt worden ist, ist mir völlig unklar, denn da kann die Feuchtigkeit ungehindert in die Wand und bis ans innere der Räume eindringen! 😟 Du hast mir mal gesagt, wie super zufrieden du warst, weil sie den Dachboden so gut gedämmt haben, also das glaube ich sicher nicht, und ich möchte da nicht rauf sehen was da für ein Pfusch gemacht wurde, denn wie am Foto zu sehen ist, kann nicht nur jedes Getier in den Dachboden kommen, sondern kann man das nicht mal eine „Kältebrücke" nennen, denn es ist ein sehr großes Loch wo nun Kaltluft in den Dachboden kommt, und da kann von einer guten Dämmung sicher keine Rede sein, was auch einem Laien verständlich sein müßte. Die Ecke ist bis zu einem halben Meter tief und auf zwei Meter schon weggebrochen und es schauen die Eisen heraus die nun vor sich hin rosten können! 😳

Meiner Meinung sollte da bald was getan werden, es ist ja zum Guten deines Objektes und das solltest du ja auch schützen! Vor allem, nachdem ich ja geduldig auf alle diversen Firmen gewartet habe, und noch immer warte, auf Duschkabine und Hausinstallateur, die Terrassen haben wir uns selbst gereinigt und die Brombeeräste zweimal auf die Mülldeponie gebracht und entsorgt, was ja Nikolai, obwohl wir ja dafür bezahlt haben, nicht gemacht hat! 😦

Jedenfalls, würden wir sicher nicht erfreut sein, wenn wir nun mit viel Arbeit den Garten so halbwegs in den „Schuß" bekommen, wenn er dann von der nächsten Arbeitertruppe, wenn sie die Rückwand machen, wieder völlig zerstört wird, denn da könnte ich bald zum „Serienmörder" werden! 🙂

Viele Grüße und hoffe auf eine Idee wie es gelöst werden kann! E&G&S „La Bestia"

P.S.: Es tut uns leid, daß Peter nun wirklich kündigen wird, er hat es mir gleich gesagt und auch beteuert, daß es nicht allein unsere Schuld ist, sondern sie haben sich von Anfang an nicht so richtig wohl gefühlt und sie wollen sich eventuell wieder Wohnmobil nehmen! Außerdem hat sich eine der Katzen nicht mit dem Garten angefreundet und nur die andere ist weiter rauf gelaufen, und eine hat nun Probleme, weil sie am Rücken die Haare verliert und sie nicht wissen warum. Jedenfalls hat er das zu uns sofort gesagt, bevor wir es von anderen erfahren, damit wir auch die Wahrheit von ihnen hören!

Re: Rückseite bricht an der Ecke ab!!!

Lieber Erich,   19.6.2023

Ganz kurz, da ich gleich fliegen muss. Ecke werde ich schauen dass wir das vor dem Herbst noch hinbekommen. Da brauch ich nur geeignete Leute dafür. Was ich weiß ist, dass die Seitenwand nicht zu verputzen ging, da es da Probleme gab, wie man da rein kann… nämlich gar nicht. Was die Beleuchtung im Keller angeht, dass wird finanziell heuer nichts mehr werden. Habe immer ein bestimmtes Budget für Schottwien und das habe ich leider heuer auch schon überschritten, bzw. muss ich auf Notfälle achten. Ich bitte um dein Verständnis oder wenn es euch sehr wichtig ist, könnt ihr das natürlich in Eigenregie machen.

Glg Joachim

Re: Rückseite bricht an der Ecke ab!!!

Hallo Joachim! 19.6.2023

Es geht ja nicht um die Seitenwand, wo ja so knapp das andere Haus steht, sondern um die Rückwand und die kann man ja problemlos erreichen, wenn kein Urwald mehr davor ist! Wenn wir bis zum Herbst warten müssen, dann zerstören sie den Garten aber sicher, also ist jede Arbeit die wir im Garten investieren für A&F? Sicher nicht lustig für uns, vor allem hätte so was schon vorher gemacht werden müssen, ein so großes Loch im Dach kann ja nicht mal ein Blinder übersehen!

Trotzdem guten Flug, Ciao

Info und Frage?

Schottwien 22.6.2023

Hallo liebe FR. Scherz und Joachim!

Nur zur Info, wir haben die Mauerbrüstung nun von Unkraut und hunderten Nußschalen gereinigt und entsorgt, damit wir es vor dem Zaun nun rein haben und den Sichtschutz anbringen können, ohne diverses Gewächs und Mist mit Steinen auf der Brüstung!

Nur meine Frage ist: Wer kommt auf die Idee dort nur die Bleche aufzulegen was ja eher sinnlos ist, und vor allem nicht zu befestigen, sondern nur eine Eisenstange drauf zu legen, was bei einem wirklichen Sturm wahrscheinlich nicht viel beiträgt um die Bleche zu halten! Ich habe in meinem Leben schon viel Pfusch gesehen, aber hier sammle ich täglich neue Erfahrungen wie man es nicht machen sollte. Ich frage mich welche Firmen hier gearbeitet haben, die z.B. die Zaunsteher nicht mal 10 cm einbetoniert haben. Waren hier nur unfähige Leute beschäftigt?

Wie gesagt es ist nur eine Info um zu zeigen, daß wir versuchen hier es soweit wie möglich gemütlich zu machen und einen lebenswerten Ort zu bekommen!

Viele Grüße von uns Drei!

P.S.: Bitte lieber Joachim, ich bin es leid Nikolai zigmal anzurufen, bitte sage ihm, er soll endlich die Duschkabine machen, es ist freudlos jedes Mal einen Fetzen vor die Dusche zu legen um nicht das ganze Bad unter Wasser zu setzen, ich hoffe es ist verständlich und nach fast zwei Monaten könnte man es endlich mal machen, oder nicht?

Am 23.06.2023 um 09:15 schrieb Immobilienservice Hofer:

Sehr geehrter Herr Beyer, wir haben Fotos, welche sich im Anhang befinden zugesendet bekommen. Wir bitten Sie, falls es Ihr Hund war, darauf zu achten den Hundekot zukünftig zu entfernen.
Danke.
Freundliche Grüße   Anika Schreiner

Re: Fwd: H.s. 38

Sehr geehrte Fr. Schreiner!   23.6.2023

Nach der Größe zu schließen und dem Inhalt, wo anscheinend Körner von Beeren drinnen sind, kann es sich um einen Losung von einem Marder handeln, oder eventuell von einer Katze! Ich komme mir vor wie in einem Gemeindebau, wo die Mieter sich gegenseitig beschuldigen! Jedenfalls ist es sicher nicht von unserer „Shiva" da wir mit dem Hund an der Leine immer nur durch gehen, somit hätte sie gar keine Chance ihre Notdurft im Hof zu hinterlassen! Wobei aber die Katzen stundenlang im Hof herumspazieren.

Übrigens hat uns vor Wochen schon zweimal im Garten eine Katze, Fuchs oder Marder genau vor unsere Fußmatte im Garten gesch.... wo ich sogar mit Peter geredet habe, aber auch gesagt habe, es muß nicht von seinen Katzen sein, die immer bei uns im Garten sind, sondern es auch von den Nachbarkatzen sein kann die auch unseren Garten als Katzenklo benutzen, und außerdem sollen auch noch zwei Streunerkatzen hier unterwegs sein.

Wenn wir „Gassi" gehen, dann nimmt meine Frau auch auf der Straße das „Gaksi" in ein Sackerl, was leider viele hier in Schottwien nicht machen, wie man an den vielen Haufen sehen kann die herum liegen, hier sollte man mehr kontrollieren und bestrafen, denn da versteht man dann, daß viele zu Hundehasser werden! ☹

Hoffe, daß ich die Situation klären konnte, Hochachtungsvoll Erich Beyer & Gabriela

Die Drainage angesehen!

Sehr geehrte FR. Schreiner!   23.6.2023

Wie an dem gesendeten Foto ersichtlich ist, sind da sogar BLAUE Spuren im „Gaksi" befindet, was sicher unser Hund nicht gefressen hat! Wer da im Haus gegen uns so denunziert, ist uns unklar, was für Leute leben da in unserem Haus? Die Einzigen normalen dürften Peter und Anna sein mit denen wir auch öfters sprechen, sind aber die Einzigen im Haus zu denen wir Kontakt haben!

Ich habe heute die Steine von der Drainage rund um die Hausmauer angesehen und dort liegen bunte Steine herum, aber sicher ist unsere Shiva NOCH NIE auf dieser Steineinfassung gewesen, also sicher nicht von uns gewesen! Ich habe die bunten Steine angehängt und heute haben wir auch den Sichtschutz fast fertig bekommen damit Shiva nicht die Katzen im Fenster unten verbellt! ☺ Leider können wir nicht verhindert das sie bellt, wenn die vielen Kinder vom Nachbarn unnötig laut durch die Gegend schreien, was Shiva gar nicht will, und es nervt auch uns!

Viele Grüße von uns Drei

Re: Info und Frage?

Lieber Erich! 25.6.2023

Wie ich schon einmal erwähnte habe ich die Liegenschaft 2018 erworben und ich weiß es schlicht weg nicht wer bei den vielen

73

Vorbesitzern da etwas gemacht hat. Vieles wurde bereits meinerseits in Ordnung gebracht und nach meiner Einschätzung bereits der Löwenanteil. Natürlich waren auch schon andere Mieter in diesen mittlerweile 5 Jahren wohnhaft, die es weder mit mir noch mit dem Haus so gut gemeint haben. Leider kann ich nicht mehr eruieren, wer, wann, was gemacht hat und selbst wenn, es würde uns nichts mehr bringen.

Ich hoffe dennoch, dass du mit deinen Bemühungen vorankommst um den Garten aus dem Dornröschenschlaf zu wecken – aber was ich so sehe, bist du ja super unterwegs.

Bezüglich Nikolai, bitte ich dich einfach ihn weiter zu kontaktieren. Wie damals schon sagte, muss man da leider öfters anklopfen. Ich hoff, dass ich dir weiter helfen konnte und wünsche dir einen schönen Sonntag.

P.s.: sorry für die späte Antwort aber ich liege mit einem Virus im Bett.

Glg an Alle   *Joachim*

Re: Info und Frage?

Klosterneuburg 26.6.2023

Hallo Joachim!

Tut leid zu hören, daß du danieder liegst, wir wünschen baldige Besserung. Da ich heute leider Termin bei Urologin habe, sind wir in Klosterneuburg und versuchen auch hier am Berg den „Dschungel" in Griff zu bekommen, auch hier wächst das Gras wie verrückt, zum Glück keine Brombeeren! ☺ werde halt Nikolai selber wieder anrufen, werde bald gesund, Ciao mit Bussi vom Berg von uns DREI

Nikolai!

74

Hallo Joachim!   27.6.2023

Nur zu deiner Info, bei Anruf hat mir Nikolai gesagt: Er hat die Duschkabine nicht gemacht, weil er dich nicht erreicht hat und du in Amerika warst, und außerdem bist du ihm noch Geld schuldig, weil du noch nicht die letzten Arbeiten bezahlt hast!

Also mir geht er mit solchen Ansagen fest auf die Nerven, aber ich hoffe er wird bald die Duschkabine montieren, aber für das größere Waschbecken, was wir uns ja selber bezahlen, werde ich mir jemand anderen suchen, solche Leute gehen mir fest auf den A... und die brauche ich nicht! Obwohl er sogar angeboten hat, jetzt nach Monaten den Rest der Brombeeren zu entsorgen, nur haben wir den größten Teil schon selbst entsorgt und dazwischen sind die Brombeeren schon wieder einen Meter nachgewachsen! Ich habe mir selbst eine Motorsense mit Stahlblätter besorgt und selber schon wieder einmal geschnitten und vor drei Tagen den Nachwuchs mit Gift bekämpft! Was es hilft, ist fraglich, da je „Round up" was gut war, nun in Österreich verboten ist!

Ciao und hoffentlich bist du am Weg der Besserung, E&G&S „La Bestia"

P.S.: Heute teilweise die Straße gesperrt weil sie einen Film vor dem Gemeindeamt drehen!

Re: Nikolai!

Lieber Erich,   27.6.2023

mit Nikolai ist dass immer so eine Sache, und bezahlt habe ich ihm aus dem Grund noch nicht weil er noch nicht fertig ist – d.h. eine Ausrede.

Bezüglich der Brombeeren habe ich dieses Gift, was man in kleinen Mengen zum Stock schüttet und die kommen nicht mehr. Ich denke, dass ist wäre das Beste, weil da kommen sie sicher nicht mehr. Und da es flüssig ist, stellt es auch für Tiere kein Problem da... es tötet einfach die Wurzeln ab und erledigt.

Glg Joachim

Re: Nikolai!
Hi!   27.6.2023

Es wäre super wenn du uns das Gift zukommen läßt, Das Vorox das ich verwendet habe macht zwar die Blätter und oberhalb kaputt, aber nicht die Wurzeln!

Ich habe auch nicht angenommen, daß Nikolai wirklich kein Geld bekam, leider habe ich ihm zu früh bezahlt und er hat die Arbeit dafür nicht fertiggemacht, hatte zu viel Vertrauen, wird mir auch nicht mehr passieren! Vielleicht kannst du Gift mitbringen wenn du mal auf Cafe kommst! Ciao

P.S.: An den Fotos siehst wie es am Berg in Klosterneuburg im Augenblick aussieht! Leider wird es hier noch eine Weile dauern, aber auch hier werden wir es schaffen!

Nur zur Information was es Neues gibt

Schottwien 3.8.2023   Hallo liebe Fr. Scherz und Joachim!

Möchte nur kurz die Neuigkeiten berichten. Unser Garten ist im Werden, Hochbeet und Gerätehaus sind fertig, und ich habe auch mal einen Handlauf zur unteren Terrasse montiert, wo wir das Holz, das herum lag zum größten Teil schon aufgearbeitet haben. Auf der oberen Terrasse haben wir mal die Brombeeren mit Gift bekämpft und nächste Woche werde ich noch einen radikalen Schnitt machen, da ich nach spritzen mit Gift die Pflanzen noch drei Wochen stehen lassen muß, denn das Gift wirkt systemisch und nimmt dann über die Blätter mit der Photosynthese das Gift bis zu den Wurzeln auf, und nur so hat man eine Chance mal den Brombeeren Herr zu werden, na die Hoffnung stirbt zuletzt. 🙂

Nun ist auch endlich die Duschkabine gemacht worden, die sehr schön ist und stabiler als die Alte, nun können wir endlich duschen, ohne das Badezimmer unter Wasser zu setzen. Eben ist auch der Installateur eingetroffen, der die Wasserleitung zum hinteren Teil des Hauses macht und wir unser Hochbeet versorgen können, dann hoffentlich mit normalem Wasserdruck. ☺

Und nur zur INFO, es muß ja gestern Verena als sie Rasen gemäht haben, aufgefallen sein, daß wieder ein „Gaksi" im Vorgarten war, möchte nur gleich sagen, daß es sicher nicht von uns war, sondern wahrscheinlich von den Katzen, die ich aber nicht beschuldigen will, nur unsere „Shiva" lassen wir unten sicher NIE auf den Rassen noch auf die Terrasse, nur bevor wieder jemand denunziert und uns beschuldigt! Eine Bitte hätte ich noch, ich kann den Elektriker unter der Nummer nicht mehr erreichen, ich habe schon zigmal angerufen, da der Taster, den er im Stiegenhaus innen montiert hat, nicht mehr funktioniert, weiß nicht ob die Batterie aus ist oder Relais spinnt, jedenfalls funktioniert nur mehr der äußere Taster nur wenn es nun bald wieder dunkel wird, wäre es schön von innen das Licht auf der Außenstiege aufdrehen zu können. Wir haben den Schalter gerade vielleicht dreimal betätigt, unverständlich warum er jetzt nach so kurzer Zeit nicht mehr funktioniert. Meine Meinung als Elektriker: Diese Taster wo man eine Batterie braucht, wo dann, wenn diese aus ist, kein Licht mehr funktioniert oder das Relais kaputt gehen kann, sind meiner Meinung nach Sch.... ☹ Vielleicht könnten sie mal bei dem Elektriker urgieren, vielleicht hat er die Telefon Nummer nicht mehr, ich habe es seit Wochen versucht, ohne ihn zu erreichen, auch auf SMS kam keine Antwort.

In diesem Sinne viele Grüße vom „Felsennest" Erich, Gabriela und Shiva „La Bestia" die im Garten „glücklicher" Hund spielt! ☺

Hauptstraße 38, 2641 Schottwien

Sehr geehrter Herr Beyer,   *5.9.2023*

leider herrscht momentan der Haussegen in der Hauptstraße 38 schief. Es ist zurzeit so, dass das Wohnklima für einige Mieter/Mieterinnen nicht tragbar ist. Es wird erzählt, dass ihr Hund immer wieder bellt und das auch laut. Natürlich ist es verständlich, dass ein Hund mal bellt.

Gerne möchten wir wissen, ob das wirklich so ist.

Denn wenn ja, würden wir empfehlen, dass Sie mit ihrem Hund einmal zu einem Hundepsychologen gehen oder zu einem Hundeflüsterer. Vielleicht kann dieser Ihrem Hund helfen.

Wir möchten Sie nicht verärgern oder beunruhigen. Wir wollen nur, dass eine gute Gemeinschaft im Haus ist und sich alle wohlfühlen. Es soll sich keiner benachteiligt fühlen.

Wir möchten, wie bereits erwähnt, dass sich jeder einzelne wohl fühlt. Mit freundlichen Grüßen Carina Scherz

Re: Hauptstraße 38, 2641 Schottwien

6.9.2023

Guten Morgen liebe Fr. Scherz!

Teilweise ist es natürlich so, daß unsere Shiva bellt, was aber sicher nicht sehr lange ist und sich sicher in gesetzlichen Grenzen hält, und ich glaube auch nicht, daß ein „Hundeflüsterer" daran was ändern könnte.

Leider wenn Shiva bellt, antwortet dann „Baro" von Verena und sie bellen sich gegenseitig an, bis dann Verena das Fenster zumacht und ich Shiva beruhige. Leider bellt auch Baro manchmal sofort, wenn wir mit Shiva kommen oder gehen, somit muß dann Shiva antworten, leider wird das auch ein Hundeflüsterer daran nichts ändern können.

Noch dazu ist der wirklich unnötige Lärm von den Nachbarskindern die sehr laut sinnlos durch die Gegend schreien worauf dann Shiva leider auch bellt, was aber verständlich ist, denn leider nerven uns auch diese Kinder, weil dort bis zu sieben Kinder herumschreien, weil ihnen niemand Einhalt gebietet, und wir hätten sicher kein Haus neben Kindergarten gemietet.

Leider bellt Shiva auch wenn sie die Katzen von der unteren Mieterin im Fenster sieht, worauf dann Baro antwortet, was aber auch verständlich ist. Wenn die Kirchenglocken zu läuten anfangen, bellt Shiva auch ganz kurz, wenn wir im Garten sind und arbeiten oder wenn ein Hubschrauber rüber fliegt, was aber sicher nicht mehr als insgesamt im ganzen Tag 10 Minuten sind, was dieses Bellen betrifft!

Ich weiß nicht, wie wir das in Griff bekommen sollen wenn fremde Katzen im Garten herumlaufen, oder eben im Fenster sitzen oder Baro auch mal als Erster bellt!

Ich bin aber für Lösungsvorschläge offen, Hochachtungsvoll Erich Beyer i.V. Gabriela Beyer-Albrecht

Nochmals zu Hundegebell!

Schottwien 6.9.2023

Liebe Fr. Scherz!

Ich habe jetzt mal kurz mit einem angeblich, Hundeexperten gesprochen, von dem mal abgesehen, das Shiva eigentlich fast ein Therapiehund für meine Frau ist, denn sie seelisch brauchte nach ihrer Krebsdiagnose!

Mich würde es interessieren wer sich da beschwert hat, denn ich kann es mir nicht vorstellen das es Verena war, denn mit ihr haben wir gutes Verhältnis und lange mit ihr geplaudert, was unsere Hunde betrifft. Die untere Katzenfreundin, die ja Sachbewaltet wird und mich schon am Beginn angelogen hat, nehme ich sicher nicht ernst!

Jedenfalls haben wir ja auf unsere Kosten sofort einen Sichtschutz gemacht, wie sie ja wissen damit Shiva nicht vom Garten die Katzen unten im Fenster sieht, nur wenn wir die Treppe runter gehen sieht sie die Katze und bellt natürlich, wie der Experte sagt ist das normal und wenn wir im Garten sind und gerade die Mistkübel raus oder rein gerollt werden, also Lärm gemacht wird was sich ein Hund nicht erklären kann, ist bellen auch normal oder wenn auf einmal wer unten auf der Terrasse redet, was aber immer eher nur kurz ist.

Zu der „Länge" des Bellens, habe ich erfahren, es gibt für eine Stadtwohnung ein Gerichtsurteil, wo entschieden wurde: *Ein Hund darf am Tag, zwei Stunden bellen mit aber nur 10 Minuten am Stück!*

Bei einem Haus mit Garten ist es wesentlich mehr was toleriert wird, nur war das sicher bei uns noch nie der Fall, und wer das behauptet lügt und den würde ich gerne sprechen!!! Oder soll ich für Beweisführung mit der Stoppuhr mit stoppen? ☹

Zu Lärm von Kindern ist es auch nicht für uns lustig, daß wir keine Fenster von Küche oder Schlafzimmer öffnen können, weil die Kinder sinnlos herumschreien und wir nur wenn sie gerade nicht bis zu sieben Kinder im Garten herumschreien, lüften können, oder Shiva im Wohnzimmer bleiben muß damit sie nicht bellt!

Man kann uns natürlich einen Hundeflüsterer empfehlen, nur wer bezahlt ihn? Vor allem da wir nicht glauben das er es schafft nicht zu bellen, wenn Baro bellt oder sie die Katzen sieht oder die Kinder hört! Wenn er es schafft, werden wir uns gerne an den Kosten beteiligen, denn da muß ich auch nicht so oft im Garten mit Shiva reden und sie beruhigen! ☺

Ich hoffe wir finden dazu eine Lösung, denn auch wir wollen ein gutes Einvernehmen mit den restlichen Parteien und ich glaube wir haben bis jetzt niemand einen Grund gegeben, außer daß es normal ist, daß ein Hund bellt! Wir trauen uns nicht mal in der Nacht in den Garten zu gehen, um niemand zu stören, und werden es sicher nach 2200 mit Shiva nie tun.

Hochachtungsvoll viele Grüße von uns DREI! 😊

P.S.: Übrigens der ADEG Nachbar wird natürlich auch verbellt wenn er im Garten den Rasen mäht oder seine Katzen auf unseren Grund laufen, was die nicht sehr stört, weil die weiße Katze taub ist! 😊 Der Nachbar mit dem wir ab und zu plaudern hat übrigens kein Problem, wenn sie ihn verbellt, denn er sagt sie ist eben ein Hund!

Re: Nochmals zu Hundegebell!

7.9.2023 Lieber Herr Beyer,

wir bitten Sie als Hundehalter auf den Hausfrieden zu achten.

Vielen Dank für Ihre Mithilfe. Mit freundlichen Grüßen
Carina Scherz

Re: Nochmals zu Hundegebell!

Schottwien 7.9.2023   Liebe Fr. Scherz!

Langsam haben wir genug daß wir beschuldigt werden den Hausfrieden zu stören, was aber anscheinend von anderen gemacht wird! Hunde bellen, wie ich schon erklärt habe, und wenn es nicht so sein soll, hätten sie keine Mieter mit Hund nehmen sollen. Wir haben von diesen Anschuldigungen nun endgültig genug und wollen eine Konfrontation mit diesen Leuten die Behauptungen aufstellen wie das unser Hund in den Garten unten sch.... was nicht wahr ist. Wenn sie nicht fähig sind den anderen Mietern zu erklären was Sache ist und immer uns beschuldigen ist es nicht sehr gerecht! Wir haben von unserer Seite alles gemacht und haben nun von den ewigen Verleumdungen genug und bitten um eine Klärung mit den anderen, wenn sie nicht fähig sind mit uns selbst in Verbindung zu treten.

Jedenfalls fühlen wir uns hier sehr bedroht von diesem Umgang von den angeblichen Dingen, die wir oder unser Hund tun, das haben wir nicht nötig uns so was gefallen zu lassen und wir bitten sie das mit den anderen Mietern zu klären und uns nicht mehr mit solchen Anschuldigungen zu belästigen, denn es nun genug, immer uns zu beschuldigen den Hausfrieden zu stören!

Ich hoffe, daß sie die Sachlage klären und unsere Seite verstehen, denn wir fühlen uns nun gestört und belästigt von den anderen Mietern die eigentlich den Hausfrieden stören!

Viele Grüße von sehr verärgerten Mietern Erich und Gabriela

Fwd: Nochmals zu Hundegebell!

Hallo Joachim!   7.9.2023

Ich weiß nicht, wie weit der letzte Emailverkehr wegen Hundegebell an dich weitergeleitet wurde, aber langsam haben wir genug von den Anschuldigungen an uns. Ich hoffe, daß hier bald alles geklärt wird, denn es geht uns fest auf die Nerven was in diesem Haus los ist und auf uns geschoben wird. Deshalb mein letztes mail an Fr. Scherz angehängt. Jedenfalls sind wir von dieser Art eines Hausfriedens sehr enttäuscht! Gruß von uns Drei

P.S.: Ich hoffe du vergißt nicht auf die Rückseite, die von einem Maurer dichtgemacht werden soll, bevor es Winter ist.

Diverse Mängel hier angeführt!

Schottwien 14.9.2023   Hallo liebe Fr. Scherz und Joachim!

Da ich Joachim nicht seinen Urlaub vermiesen wollte, erst jetzt mein Bericht! Leider wieder mal etliche Mängel anzuzeigen, als erste die ohne Fotos die aber aufgetreten sind.

Ich weiß nicht, ob das mit der Statik vom Haus zu tun hat und es sich eventuell gesenkt hat, oder ob das letzte Erdbeben am 25. August daran schuld ist, was wir sogar hier deutlich gespürt haben, jedenfalls ist das Schlafzimmer Fenster nach Norden etwas verzogen was man bei aufmachen spürt wie es klemmt! Noch deutlicher ist nun die Wohnzimmertüre verzogen, denn sie läßt sich nicht mehr schließen und steht am Türstock an!

Viel Ärger ist es leider mit Schimmel, wo nun die Auskünfte von diversen Leuten, sogar von der Sachbewalteten unteren Mieterin stimmen dürften, denn sogar jetzt im Sommer wo ja doch die Fenster viel offen sind, es also am Lüften sicher nicht liegen kann, wurde die Rückwand von der neuen Kommode die erst zwei Monate alt ist, und sogar 15 cm von der Wand entfernt ist, voll mit Schimmel überzogen, was leider für Gabriela ein Schock ist, denn nach ihrer Krebserkrankung im Nasen und Stirnhöhlenbereich sicher nicht von Vorteil ist. (siehe Foto)

Ich weiß zwar das Joachim viel investiert hat, aber an der falschen Stelle, denn die Terrasse unten ist eine Sache, aber besser wäre es gewesen unsere Rückwand zu verputzen wo die Nässe nun ungeschützt ins Innere vordringen kann, warum das nicht gemacht wurde und nur die Vorderseite und Gartenseite verputzt wurde, kann ich nicht verstehen, es ist wie „eine geschminkte Leiche" gemacht worden, um eventuell jemand zu täuschen, denn leider haben wir uns in das Haus „verliebt" und deshalb diese Mängel am Anfang wie vieles andere ignoriert, was wir leider jetzt entdecken und zu spüren bekommen. Wir fürchten wirtlich schon, was dann im Winter mit Schimmel los sein wird?

Das eine Foto zeigt die Steine, die schon am Beginn ausgebrochen waren, nur sah man sie nicht, weil dort ein großer Holzhaufen war den wir erst entsorgt haben. Nur leider am zweiten Foto ist vorige Woche ein Teil der Mauer hinten gefallen, und wenn einem diese Steine gerade auf den Fuß fallen, ist man sicher schwerverletzt, denn sie haben sicher 30 oder mehr Kilogramm! (siehe Foto)

Leider hat sich Gabriela am Montag den Kopf des Wadenbeines am linken Knie gebrochen und wurde in Tulln operiert und wird wahrscheinlich morgen Freitag nach Hause kommen, nur darf sie den Fuß für sechs Wochen nicht belasten, also muß ich sie betreuen und wir hoffen das es nachher wieder geht und sie nach Reha wieder spazierengehen kann! Ich habe mal am WC eine Stütze montiert. (siehe Foto)

Apropos Gabriela, sie hatte ein langes Gespräch mit Verena bzgl. Ihres Vorhabens aus zu ziehen, und sie wird es gerne auch Joachim erzählen,

88

nur mal kurz von mir was sie sagte:

Sie hatte übrigens sowieso spätestens nächstes Frühjahr aus zu ziehen, weil sie mit ihren Freund zusammen ziehen will, also war nun das sich Baro immer mit Shiva aufregt und sie beide bellen, nur ein neuer Faktor, denn auch sie muß den Schimmel die ganze Zeit bekämpfen der überall wächst und sie damit auch nicht wirklich eine Freude hat, was auch ein Grund ist, daß sie ausziehen will. Nur das Baro nun auch zum Bellen anfängt, wenn er Shiva im Garten sieht und somit eher „unrund" ist, denn er bellt auch wenn er uns OHNE Shiva im Garten sieht, und somit sind wir sicher nicht allein schuld, wenn uns vorgeworfen wird den Hausfrieden zu stören!
Jedenfalls hat sich ja Nikolai die Ecke und das große Loch zum Dachboden angesehen und Joachim will es ja zumachen lassen, denn dort kann mal die Kälte ungehindert in das Dach vordringen, und das ist sicher mehr als eine „Kältebrücke", sondern ein großes Loch das frei ist!
☹ Aber es sollte auch die Rückwand mit Thermoputz verputzt werden, was sogar auch Nikolai gesagt hat und nicht verstehen konnte, warum es nicht gemacht wurde? Die Wand zu den ukrainischen Nachbarn ist ja auch unverputzt und die kann man gar nicht mehr verputzen wie es aussieht, weil ja die Häuser so knapp zusammenstehen. Jedenfalls sind das alle Faktoren wo das Haus im Winter nicht zum er heizen ist, wo wir ja von vielen gewarnt wurden, aber wir ja jetzt die Energiekosten zu tragen haben, weil vorher schlampig gearbeitet wurde und in Sachen investiert wurden, die uns und dem Haus NICHTS bringen!
Das einmal zur Info, mfg Erich Beyer und Gabriela Beyer-Albrecht
P.S.: An der oberen Terrasse zeigt sich deutlich, wo man auch den Bauschutt abgelagert hat, daß hier fünf Jahre nichts gemacht wurde, und ich hoffe nicht vorher zusammen zu brechen, den auf einen m² sind 20 Wurzeln der Brombeeren, die ich mit dem Spaten raus stechen muß, denn die Erdfräse die ich mir extra dafür gekauft habe, schafft es nicht, sie bleibt sofort stecken!

P.P.S.: Gerade nach Telefongespräch mit Joachim erfahren, daß er heuer nichts mehr investieren will und es ihm anscheinend egal ist, ob Gabriela durch den Schimmel einen gesundheitlichen Schaden nimmt, wo ich ihm gesagt habe, es ist keine Drohung, sondern ein Fakt und er hat sich als Vermieter um die Rückwand zu kümmern, und es ist lächerlich wenn er sagt es hat ihm niemand gesagt und er hört es jetzt das Erste Mal, was ja unglaublich ist, daß er sich noch nie die Rückwand angesehen hat. Wenn er von solchen Dingen keine Ahnung hat, soll er sich jemanden nehmen der es versteht. Wie ich ihm sagte: „Man kauft sich keinen Hubschrauber, wenn man damit nicht fliegen kann" auch wenn er es nicht gerne hört, wenn jemand die Wahrheit sagt.

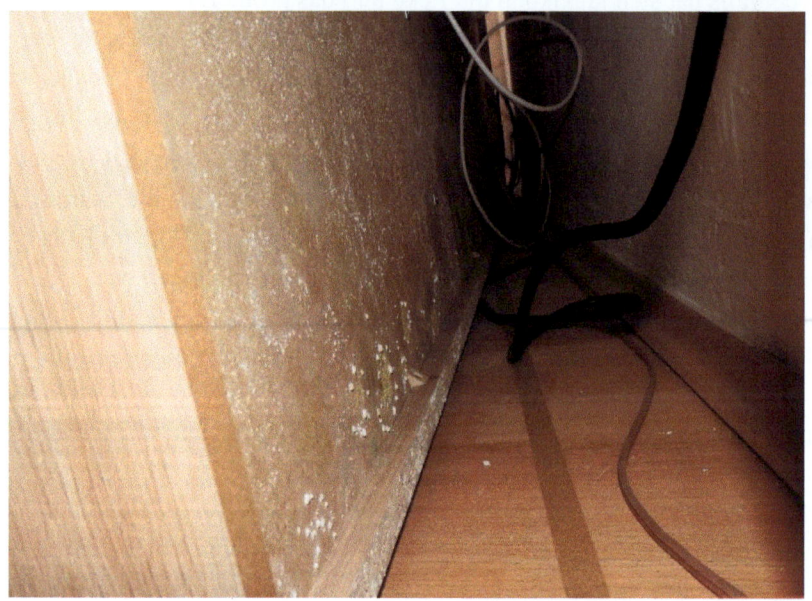

91

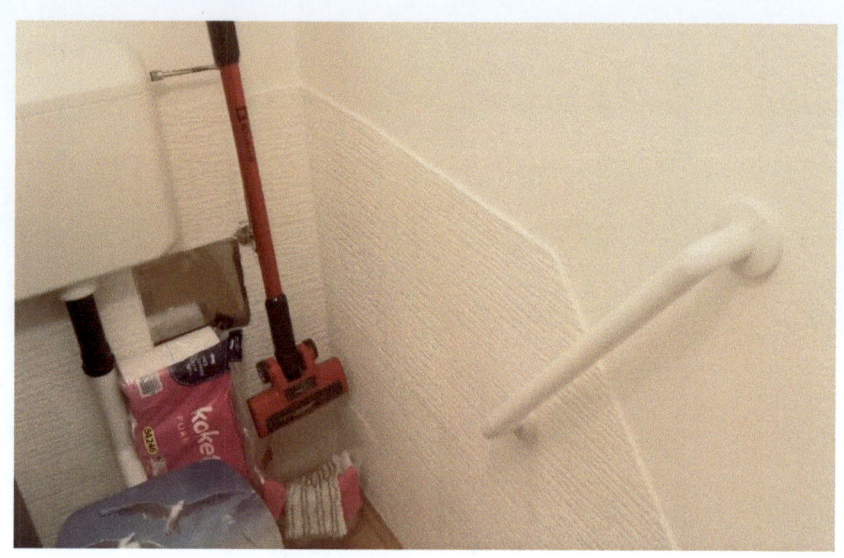

Am 14.09.2023 um 12:59 schrieb Immobilienservice Hofer:

Sehr geehrter Herr Beyer, wir würden uns die Situation gerne mal vor Ort ansehen. Bitte um Terminvorschlage, wann es für Sie nächste Woche am Vormittag passen würde.
Vielen Dank! Freundliche Grüße   Carina Scherz

Liebe Fr. Scherz!

Jederzeit geben sie vorher Bescheid, Gabriela ist ja noch sehr in der Bewegung behindert, also außer ich bin gerade Einkaufen, kein Problem für Besuch. Gruß Erich

Aussage Joachim zu Schimmel!

Schottwien 14.9.2023   Liebe FR. Scherz und Joachim!

Ich möchte nur anmerken, ich bin mit 73 zu alt um mich von einem anscheinend Ahnungslosen Joachim, als Volltrottel ansehen zu lassen, und auch Gabriela hat es sicher nicht nötig!

Bei der Unterzeichnung des Mietvertrages hat Joachim gesagt, er hat den Schimmel im Griff und alles zweimal mit Antischimmelfarbe streichen lassen. Zu der „Kältebrücke", wobei er hier die Eingangsstufen gemeint war, nur die ca. 30 m² große unverputzte Rückwand ist sicher eine größere „Kältebrücke" vor allem kann das Wasser ungehindert in die Wand dringen, was auch ohne einen Sachverständigen jedem Laien klar sein wird!

Aber am meisten ärgert es mich, daß laut Joachim die Mieter fünf Jahre nichts gesagt hat, und er die Frechheit hat, mir zu sagen er hört von diesem Problem das ERSTE Mal. Also hält er mich für einen Volltrottel, um zu glauben, daß er nichts von der unverputzten Rückwand wußte! Aber hier wird wahrscheinlich auch der Schimmel von dem Vormieter erklärbar sein, oder nicht? Was das für Mieter waren zeigt ja, daß außen an den Fensterrahmen noch immer die Klebbänder vom Transport kleben, die jetzt sehr schwer zu entfernen sind und sich auflösen und das Plastik sich im Garten verteilt!

Ich glaube nur weil ich jetzt die Mängel aufdecke, daß wir alles versuchen das Objekt in „Schuß" zu bringen und bis Dato schon sehr viel Geld und vor allem Arbeitszeit investiert haben und somit versucht haben, Joachim keine unnötigen Kosten zu machen! Aber meiner Meinung, daß Joachim angeblich nichts gewußt hat, läßt mich (uns) wie Volltrottel dastehen. Vor allem hat er den Dachboden isolieren lassen und er will uns weismachen nie die Rückwand gesehen zu haben? Und jetzt trifft es doch zu, was uns nicht klar war, weil uns Joachim sehr sympathisch war, und das andere Mieter auch gesagt haben, man darf Joachim nicht alles glauben, was uns sehr leid tut! Viele Grüße Erich

Fwd: Meine Antwort

Schottwien 15.9.2023   Liebe FR. Scherz!

Sie haben sicher wichtigeres zu tun als diese vielen und vor allem „lange" Emails von mir zu lesen, aber da anscheinend hier überall nur gelogen wird, habe ich das E-Mail von Joachim und meine Antwort rein gestellt, damit auch sie Bescheid wissen, was hier für mich unverständlich in dieser angeblichen „Hausgemeinschaft" vorgeht!

Wir sehen uns nächste Woche, viele Grüße und noch schönen Tag ihr Erich und Gabriela

Meine Antwort

Lieber Erich,   *15.9.2023*

ich würde gerne festhalten, dass ich bereits einiges an der Liegenschaft saniert und investiert habe, auch in Top 7, wo du wohnhaft bist. Natürlich habe ich vor auch weitere Investitionen zu tätigen, die Anschuldigung nichts investieren zu wollen, weise ich daher zurück.

Wie du vielleicht weißt ist Verena bereits seit mehreren Jahren zufriedene Mieterin und dass kann sich sicher die Immobilien Verwaltung bestätigen. Selbstverständlich habe ich sie nach unserem Telefonat angerufen und sie meinte, dass sie sowas nie gesagt hätte.

Unabhängig davon, habe ich Bilder bevor ihr in die Wohnung eingezogen seid, neu ausgemalt und unausgemalt. Bei beiden ist keine Schimmelbildung zu stehen! Auch auf deinem Bild erkenne ich keinen Schimmel an der Wand, sondern nur auf der Kommode. Ich wohne im

Neubau und auch mit ist das leider schon einmal passiert, also am besten an diese Wand nichts hinstellen.

Nichtsdestotrotz wird dich Frau Scherz in den nächsten Tagen kontaktieren und würde sich gern mal selbst ein Bild machen, wie es denn mit der Schimmelbildung aussieht.

Solltest du allerdings Bedenken bezüglich eurer Gesundheit haben, steht es dir natürlich frei, das Mietverhältnis vorzeitig zu beende.   Mit ganz lieben Grüßen   Joachim Egresits

Re: Meine Antwort

Lieber Erich,   15.9.2023

unabhängig davon wer was sagt, will ich festhalten, daß ich diese Investitionen von Drainagen legen und verputzen, heuer nicht mehr vornehmen kann. Wie du am Telefon sagtest, ist dir das herzlich egal. Auch für mich ist deine Art und Weise wie du mit mir spricht mittlerweile etwas zu herablassend und respektlos. Und ob du es nun glaubst oder nicht, daß sagen leider auch andere und keiner möchte sich mehr damit an patzen.

Nichts desto trotz bin ich nach wie vor an einer Lösung interessiert, allerdings nicht mehr Heuer. Aus diesem Grunde wird Frau Scherz auch persönlich vorbeikommen und sich ein Bild machen.
          Liebe Grüße Joachim

Re: Meine Antwort

Lieber Erich,   15.9.2023

Unabhängig davon werde ich heute mit einem Arbeiter rauffahren, den ich geeigneter finde als Nikolai. Ich bitte dich aber drinnen zu bleiben,

da ich die Grippe habe und niemanden von euch anstecken möchte. Nur
das du also informiert bist, ich werde da heute raufgehen. Und
nochmals zur Klärung. Ich weiß natürlich wie die Wand ausschaut,
allerdings wußte ich bis heute nicht daß sie wie du sagst zu Problemen
führt. Nur damit das richtig gestellt ist. Ich werde nun nicht mehr
schreiben, da ich krank bin. Liebe Grüße und gute Besserung an
Gabriela

Re: Meine Antwort

Ok, ich fahre nach Neunkirchen um noch ein paar Besorgungen zu
machen, Gabriela wird um 1300 in Tulln entlassen, also vor 1500
wahrscheinlich nicht hier sein, vielleicht bist schon vorher hiergewesen.
Ich brauche ja nicht rauskommen, Gruß Erich und gute Besserung auch
für dich!

P.S.: Wenn du dir ein Haus kaufst, und dann DOCH die unverputzte
Wand gesehen hast und nicht wußtest das da Probleme mit Isolierung
und vor allem Feuchtigkeit gibt, dann bist du sicher schon mehr als nur
ein Laie, der davon nichts versteht, denn das ist eigentlich auch einen
Laien klar, nichts für ungut, aber da sind wir wieder beim
Hubschrauber! Nochmals baldige Besserung und schaue dir auch die
Steine hinten von der Wand an, denn da kann jemand dabei schwerstens
verletzt werden, wenn da einer gerade ausbricht, wenn wer unten steht!
Ciao

Re: Meine Antwort

Schottwien 15.9.2023
Lieber Joachim!
Sag, bist du Politiker? Du drehst mir die Worte im Mund um, denn ich
habe NIE gesagt, daß du nichts investiert hast, sondern an den falschen
Stellen!!!! Lies die Emails mal richtig!

Ich verstehe nicht was hier bei Euch los ist, lügst Du oder Verena???
Jedenfalls haben wir uns sicher nicht aus den Fingern saugen können,
das Verena mit ihrem Freund zusammenziehen will, geschweige denn
konnten wir wissen das sie auch mit Schimmel kämpft und sie sagte es
ziehe bei der undichten Türe stark rein und sie heizt somit den Gang
mit! Gib mir einen Grund, warum WIR lügen sollten, was hätten wir
davon? Es ist traurig, daß man hier anscheinend jedes Gespräch
aufzeichnen muß, um zu beweisen was gesagt wurde! Ich habe dieses
Gespräch von Verena und Gabriela da sie vor dem Müllraum gestanden
sind, teilweise vom Schlafzimmer Fenster mitgehört, also würde ich
dann auch als Lügner bezeichnet werden, was ich gar nicht lustig finde!
Gabriela wird heute mit Rettung nach Hause gebracht und dann können
wir gerne Verena zu uns bringen und mit uns konfrontieren, um zu
sehen wer hier lügt!
Da ich mit 73 sicher nicht mehr solch einen Umzug schaffen werde und
auch Gabriela nicht, selbst wenn du für uns was Adäquates finden
würdest. Wir haben bereits zu viel an Geld und Arbeit hier investiert,
um wieder auszuziehen, was wir dann ersetzt bekommen müßten und
vor allem die Firma die dann den ganzen Umzug machen müßte, was
sicher nicht wir zahlen würden, denn wir haben an so einer verlogenen
Hausgemeinschaft sicher keine Schuld. Deshalb schreibe ich immer,
denn da kann man nichts abstreiten, was hier anscheinend immer der
Fall ist!
Übrigens als ich heute mit Shiva am Morgen im Garten war, hat sie kein
EINZIGES Mal gebellt, nur als wir dann wieder ins Haus gingen, hat
uns BARO gesehen und als ERSTES zum Bellen angefangen, worauf
natürlich Shiva geantwortet hat, nur zur Info. Also müßte ich den Garten
mit einer Videokamera überwachen damit ich es beweisen kann?
Gruß Erich i.V. Gabriela
P.S.: Übrigens deine Investition in z.B. Solarpaneele bringen uns eher
wenig bis NICHTS! Fr. Scherz will nächste Woche für Besichtigung
vorbeikommen!

Re: Meine Antwort

Lieber Joachim!   15.9.2023

Leider sollte man klären, wer da was gesagt hat! Übrigens hat auch Verena zu Gabriela gesagt: Sie war nicht diejenige die sich bei der Hausverwaltung beschwert hat!
Also nur wer hier selbst lügt, hat kein Interesse diese Sache zu klären, und das Loch zum Dachboden wirst du ja hoffentlich wie versprochen von Nikolai zu machen lassen. Bei der Mauer, wo wir das Blech im Keller gelagert haben, hoffe ich, daß sich keiner an den scharfen Kanten verletzt, denn da würden wieder Probleme auf dich zukommen! Das auf der Mauer nichts gemacht wird ist hier nebensächlich, dein Spengler ist ja nicht gekommen!
Wie ich zu Dir spreche, ist nur die Wahrheit und wenn hier wer respektlos ist, dann DU weil du uns für Trotteln hältst! Denn wenn Du wirklich nie die Rückwand gesehen hast und jetzt erst das Erste Mal von uns gehört hast, dann muß ich dir in aller Freundschaft sagen, das an deinem Verstand zu zweifeln ist!

Gruß Erich

Zur Aufklärung und Erinnerung!

                                   Schottwien 15.9.2023
Hallo Joachim!

Du brauchst nicht zurückzuschreiben, noch mich anzurufen was ja sinnlos ist, Du wiederholst dich nur immer und lügst mich an, was mich sogar heute wieder aus der „Reserve" riß! Wo ich dann sogar gesagt habe: Du gehst mir mit deiner Lügerei am „Oasch"! Nur das wir uns nicht falsch verstehen, aber deine Behauptungen es sagen alle und keiner will mit mir (uns) was zu tun haben kann ja nur eine Lüge von

Dir sein, da wir außer mit Verena und kurz mit Peter und Anna, die sich aber sofort von den restlichen Mietern distanziert haben, mit KEINEM bis dato überhaupt geredet hat, also was behauptest du dann?

Und zu Schimmel an der Wand, falls es auch deiner Erinnerung entfallen ist, hat dir Gabriela, als du bei uns zu Besuch warst, sehr wohl an der Wand neben und hinter dem Ofen die ersten Schimmelflecken gezeigt, die wir aber schon zu Beginn mit Spray behandelt haben, also weißt du da auch Bescheid, außer es ist dir wie vieles auch entfallen!
Jedenfalls brauchst du uns nicht zu belügen oder stelle uns die Leute vor, mit denen wir NIE geredet haben, warum sie dann von meinen angeblichen Kraftausdrücken schockiert sind, oder hast du uns auch da angelogen?
Jedenfalls habe ich genug mich von dir als unwissenden Trottel her zu stellen, von jemand der keine Ahnung von der Materie hat!
In diesem Sinne Gruß Erich

P.S.: Wie ich sagte, ich habe zwar 24 Bücher geschrieben, aber werde mich sicher nicht als Schriftsteller bezeichnen, nur war ich ein guter Journalist und Fotograf und war bei meinen Recherchen immer wahrheitsgetreu, und bin es auch noch immer und hasse zu lügen! Es tut mir wirklich leid, daß du mich mit deinen Lügen und Falschaussagen so aus der Fassung gebracht hast, aber du kannst anscheinend die Wahrheit nicht hören und verkraften!

P.P.S.: Baldige Besserung, obwohl du dich nicht krank angehört hast.

Am 18.09.2023 um 10:00 schrieb Immobilienservice Hofer:

Sehr geehrter Herr Beyer,

Terminvorschlag für die Wohnungsbesichtigung, 19.09.2023 um ca. 08:30 Uhr.   Mit freundlichen Grüßen Carina Scherz

Hallo Fr. Scherz!

Geht in Ordnung nur bitte wenn möglich erst ab 0900 da war ich dann mit Shiva schon „Gassi" da meine Frau ja im Augenblick eher in der Bewegung eingeschränkt ist und ich alles erledige!

Mfg Erich Beyer und Gabriela Beyer-Albrecht

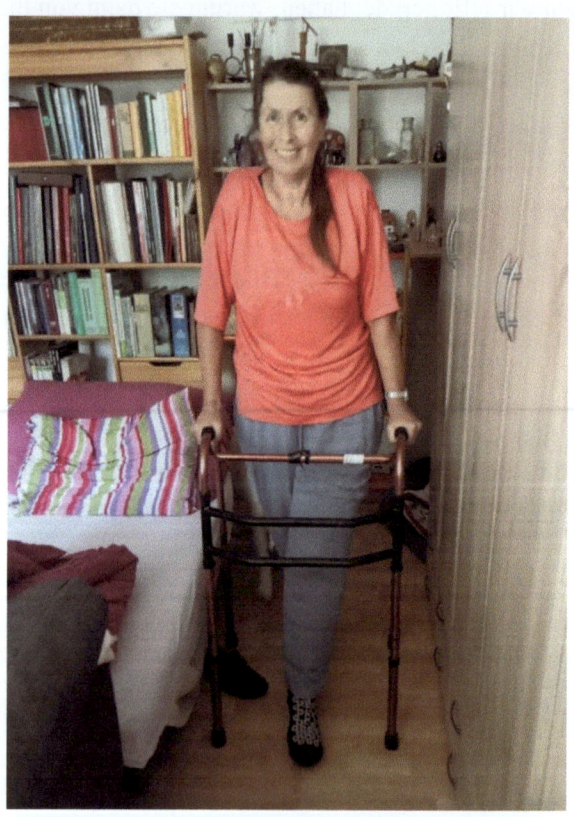

Kurze Frage?

Schottwien 26.9.2023

Hallo liebe Fr. Scherz!

Anbei sehen sie wie in einer Woche hinter dem Ofen der Schimmel auf der Sesselleiste gewachsen ist, daß nur zur Info, weil ja der Fachmann von Joachim gesagt hat, die Wand ist trocken! Es könnte natürlich sein, was ich auch dazu vermute, daß der Boden schlecht isoliert wurde und die Feuchtigkeit dazu noch von unten hochkommt! Für das kann natürlich Joachim nichts, nur hat er ja versprochen das LOCH zum Dachboden vor dem Winter zu zumachen, wann kommt da jemand? Und wegen Wohnzimmertüre würde es auch gut sein jemand kommen zu lassen damit wir die Türe auch wieder schließen können!

Ich hoffe nicht zu viel geschrieben zu haben, Gruß Erich und Gabriela

Am 27.09.2023 um 09:33 schrieb Immobilienservice Hofer:

Sehr geehrter Herr Beyer, danke für die Information.

Den Schimmel wie besprochen, bitte mit einem feuchten Tuch wegwischen. Wenn es schlimmer wird und auch die Wände voller Schimmel sind, werden wir gerne eine Firma beauftragen.

Betreffend er Wohnzimmertür sind wir in Abklärung und betreffend dem Loch zum Dachboden, weiß der Eigentümer Bescheid und wird die Arbeiten zeitnah erledigen. Bitte keinen Druck machen. Vielen Dank.

Wir wünschen Ihnen einen schönen Tag.   *Mit freundlichen Grüßen Carina Scherz*

Guten Morgen!

Danke für Info, wir bekämpfen den Schimmel mit Spray sowieso und haben auch Entfeuchter bei der Wand hinter Kommode aufgestellt. Ich wollte es nur anmerken, weil der „Fachmann" von Joachim gesagt hat, daß 80 cm Wände nicht feucht sind! ☺ Also keine Beschwerde, sondern nur eine Feststellung, schöne Grüße Erich und Gabriela

Nur zur Info Feuchtigkeit

Schottwien 9.10.2023 Hallo liebe Fr. Scherz!

Möchte sie nur informieren, was es mit Feuchtigkeit im Haus angeht! Gleich zur Anmerkung, keine Beschwerde, denn wir wissen es ist ein altes Haus und somit eben auch feucht. Nur was eben die Bemerkung von dem „Spezialisten" zur Außenmauer betraf, der behauptet so eine dicke Wand kann nicht feucht sein. Wir haben uns jetzt einen Entfeuchter aufgestellt, der aber 400 Watt an Strom braucht, und was ich selbst fast nicht glauben konnte! In nur zweimal fünf Stunden Betrieb, hat er aus der Luft über FÜNF Liter Wasser aus der Luft geholt! Also sicher ein Beweis, daß es feucht ist, aber das nur zur Info! Aber wir hoffen doch, daß es auch etwas gegen Schimmel hilft, obwohl er doch wieder viel Strom kostet! ☹
Der Hausmeister hat mich wegen Wohnzimmertüre vor zwei Wochen mal angerufen aber sich nicht mehr gemeldet, vielleicht kommt er doch mal und kann es reparieren!

Viele Grüße und noch schönen Tag, Erich und Gabriela

am 09.10.2023 um 12:22 schrieb Immobilienservice Hofer:

Sehr geehrter Herr Beyer,

Sie haben in der Küche Steckdosen bekommen.

Da es aber ein Wunsch von Ihnen war und keine Notwendigkeit, müssen wir Ihnen leider mitteilen, dass der Eigentümer diese Kosten nicht übernimmt. Sobald wir die Rechnung des Elektriker erhalten haben, senden wir Ihnen diese mit der Bitte um Begleichung weiter.

Bitte um Verständnis. Danke. Mit freundlichen Grüßen
Carina Scherz

Liebe Fr Scherz!   9.10.2023

Was soll das, will Joachim jetzt einen „Krieg" anfangen? Da auf der Tischseite nicht eine einzige Steckdose war, ist das sicher nicht eine korrekte Installation für eine Küche gewesen und gehört noch zu der Ausstattung wie man eine Küche übergeben sollte! Steckdosen im Wohnzimmer noch Absaugventilator nicht funktionierten usw. Nicht nur, daß wir wochenlang kein Licht am WC hatten und vieles andere nicht wie versprochen in Ordnung war, kommen sie jetzt mit solchen Sachen! Es war nur EINE Steckdose in der Küche! Viele Grüße E&G

P.S.: Ich hoffe auch, daß jetzt nicht den Nachmietern von Verena versprochen wird, unseren Garten mitbenützen zu können, wie es bei Verena und Peter und Anna versprochen wurde.

Verlängerung von Mietvertrag?

Schottwien 11.10.2023

Bitte dieses Email auch wenn es wieder lang ist, zu Ende zu lesen!

Guten Morgen Fr. Scherz und Joachim!

Nachdem wir bei der Unterzeichnung vom Mietvertrag ja nicht nur DREI Jahre wollten, hat uns Joachim aber MÜNDLICH zugesichert, daß ohne Probleme der Mietvertrag verlängert wird. Das vor uns und Marion und noch einen weiteren Mitarbeiter vom Maklerbüro, wo wir aber nicht den Namen wissen, die es bezeugen können!

Nun da wir wieder ein längeres Gespräch mit Verena am Montag hatten, wo auch die untere Mieterin zugehört hat, und Zeuge ist, stellte sich heraus, daß wir da wieder von Joachim belogen wurde und er über uns mit ihr falsche Angaben machte! Verena hat uns bestätigt, daß sie NICHT wegen uns auszieht, sondern es sowieso vorhatte und auch wieder wurde ihr Schimmelproblem bestätigt, von dem sich auch genug Fotos hat! Genauso wie wir, wurde sie von Eurer Seite beschuldigt zu wenig gelüftet zu haben, und ihr sogar vorgeworfen das sie den Kasten an die Wand gestellt hat! Sollte man nun ihrer Meinung nach den Kasten in der MITTE des Raumes aufstellen, um Schimmel zu vermeiden?

Da wir Beide zu alt sind um nochmals einen Umzug zu machen, aber vor allem schon viel Geld und vor allem viel Arbeit in den Garten investiert haben, und somit sicher nicht in drei Jahren ausziehen wollen, trotz aller mißlichen Umstände und den Unterstellungen und Vorwürfen was angeblich unser Hund oder wir gemacht haben sollen, die auch aus Lügen bestanden, sehen wir uns gezwungen, eine schriftliche Zusage von Joachim zu bekommen, daß wenn wir nicht gegen den Mietvertrag oder Hausordnung verstoßen, eine Vertragsverlängerung ohne Problem bekommen werden!

Da wir ja mehrmals belogen wurden oder Dinge versprochen wurden, die nicht eingehalten wurden oder lange gedauert haben, bitten wir um diese schriftliche Zusage. Denn in drei Jahren wird sich keiner der

Anwesenden dann erinnern können, oder wollen, was da von Joachim mündlich zugesagt wurde.

Sollten wir diese Zusage nicht bekommen, sehen wir uns gezwungen die Anwesenden in einer Vorladung zu einer Eidesstattlichen Aussage und Niederschrift bei einem Notar oder Gericht, auf unser Recht und Versprechen von Joachim zu bestehen, solange sich noch jeder an die gesprochenen Worte von Joachim erinnern kann! Wie gesagt, es war für uns **eine Voraussetzung das der Vertrag verlängert wird**, denn nur für drei Jahre hätten wir das Haus sicher nicht gemietet und uns dies Arbeit angetan!

Bitte um baldige Zusage und schriftliche Bestätigung, Hochachtungsvoll Erich Beyer und Gabriela Beyer-Albrecht

Aussage von Joachim bei Mietvertrag!

Schottwien 16.10.2023

Hallo Marion!

Leider wurde unsere anfängliche Sympathie zu Joachim sehr enttäuscht und deshalb haben wir von ihm eine schriftliche Bestätigung von ihm verlangt, die seine Aussage bei der Unterzeichnung des Mietvertrages bei Euch im Büro von ihm gemacht wurde, wo du und noch einer von Eurem Büro anwesend warst, weil wir ja nicht nur für DREI Jahre den Vertrag unterzeichnen wollten, von ihm die MÜNDLICHE Zusage mit HANDSCHLAG bekommen haben, daß eine Verlängerung nach den DREI Jahren kein Problem ist und er auch daran interessiert ist nicht wieder neue Mieter zu suchen. Nun da es ein paar Probleme gab, wo wir uns beschwert haben und ein paar Unterstellungen von Seite Joachim und Hausverwaltung und Hausparteien, die sich über bellen von „Shiva" beschwert hatten, und nun wurden wir von Joachim belogen, daß Verena angeblich wegen uns ausgezogen ist, was aber nach einem Gespräch von uns mit Verena gar nicht wahr ist. Jedenfalls bitten wir dich um eine schriftliche Bestätigung, daß Joachim uns eine

Verlängerung des Vertrages zugesagt hat! Wenn geht, auch von dem noch anwesenden Mitarbeiter von dir, wo wir leider keinen Namen wissen. Somit würden wir uns ersparen dich vorladen zu lassen, um eine eidesstattliche Aussage vor einem Notar oder Gericht machen zu lassen, denn auch wenn du zu Joachim ein Naheverhältnis hast, für ihn ja doch keinen Meineid leisten wirst. Leider sollen wir laut unseres Rechtsanwalts dies sofort erledigen, denn in drei Jahren kann sich jeder drauf ausreden die Aussage vergessen zu haben und sich niemand mehr erinnert was da gesagt wurde! Aber vom April wirst du und ein Mitarbeiter es ja nicht vergessen haben, was Joachim uns zugesagt hat!

Tut leid dich (Euch) damit belästigen zu müssen, aber die letzten Aktionen und Lügen von Joachim, lassen uns leider keine Wahl, viel Grüße von uns, Erich und Gabriela

P.S.: Hier was gesetzlich ist:

Ist ein Handschlag rechtsgültig?
Die Schriftform ist nicht die einzige Art, wie ein Vertrag abgeschlossen und rechtsgültig werden kann. Verträge können auch mündlich geschlossen werden – und ebenso per Handschlag. **Auch der Handschlag stellt eine rechtsgültige Vereinbarung dar, die demzufolge auch gerichtlich eingeklagt werden kann.**

Besuch in unserem Garten!

Schottwien 18.10.2023   Hallo Joachim und FR. Scherz!

Ich habe gesehen, daß am 17. 10. Joachim und zwei weitere Personen ohne Voranmeldung in unseren Garten waren, was ich nicht für richtig finde, denn wir wollen schon wissen wer da in unseren Garten geht, denn im Gerätehaus sind teure Maschinen gelagert oder unsere Wildkamera gestohlen wird, wenn fremde Leute durch unseren Garten gehen!

Wir haben das Tor nur nicht versperrt, weil wir dachten, daß wie von Joachim versprochen, daß Loch in den Dachboden zu gemacht wird! Vor allem würde man dazu auch wahrscheinlich Wasser brauchen, nur werde ich jetzt bald den hinteren Wasseranschluß abdrehen und die Leitung entleeren, bevor er wieder auffriert, also dann dort kein Wasser mehr zur Verfügung ist.

Ich habe nun auch Marion wegen der Aussage zur mündlichen Verlängerung von Joachim beim Mietvertrag angeschrieben, da nach dem BGB eine mündliche Zusage mit Handschlag auch gültig ist. Also bevor sich dann in drei Jahren keiner mehr an die Zusage von Joachim erinnern kann, ersuche ich NOCHMALS um eine schriftliche Bestätigung von Joachim, da uns die Damen der Hausverwaltung bei ihrem Besuch ja nahegelegt haben, wir sollen uns nicht so viel beschweren, denn der Mietvertrag gilt ja nur für drei Jahre!!!

Also bitte um baldige Bestätigung der Zusage von Joachim und ich hoffe doch nicht, Joachim und Marion, und dennoch anwesenden Herrn von dem Maklerbüro, zu einer beeideten Aussage vorladen zu müssen, denn wir haben zu viel investiert, um einen neuerlichen Umzug machen zu wollen!

Beste Grüße Erich und Gabriela

Re: Aussage von Joachim bei Mietvertrag!

Lieber Erich,

ich bedaure sehr, dass euer anfänglich ausgesprochen gutes Verhältnis nun nicht mehr so gut ist und bestätige selbstverständlich, dass im Zuge der Mietvertragsunterfertigung bzw. im deren Vorfeld besprochen wurde, dass der Mietvertrag auf 3 Jahre befristet ist und nach Ablauf der 3 Jahre die Möglichkeit besteht, das Mietverhältnis zu verlängern, sofern es für beide Vertragsparteien „passt". Dies ist ein Standardprocedere, das bei jedem befristeten Mietvertrag besprochen wird, weil es eben diese Möglichkeit grundsätzlich gibt. Voraussetzung hierfür, und das ist der springende Punkt, den du außer Acht lässt, ist, dass einerseits der Mieter eine Verlängerung wünscht und diesen Wunsch zu gegebener Zeit bei der Hausverwaltung deponiert und andererseits, dass der Vermieter der Verlängerung zustimmt. Dies muss aus freien Stücken geschehen und kann meines Wissens nicht vom Mieter in irgendeiner Form „erzwungen" werden. Normalerweise entspricht der Vermieter diesem Wunsch, wenn sich sein Gegenüber, sprich der Mieter als zuverlässig und korrekt erwiesen hat. Ich kenne die Umstände nicht und weiß nicht wie dieses Thema überhaupt schon innerhalb der Mindestmietzeit aufkommen konnte und wie es zustande kam, dass du glaubst er würde das Mietverhältnis nicht verlängern wollen. Ich sehe die Sache so, dass ab jetzt noch mehr als genug Zeit zur Verfügung steht um einerseits als Mieter zu prüfen, ob man denn überhaupt den Wunsch hat, das Mietverhältnis nach den 3 Jahren zu verlängern und andererseits das Verhältnis Mieter- Vermieter in Bahnen zu lenken, dass der Vermieter, sprich Herr Egresits eben kein Problem in der Verlängerung des Mietverhältnisses sieht. Ich kenne Herrn Egresits schon relativ lange und er hat sich menschlich gesehen seinen Mietern gegenüber immer als fair und umgänglich erwiesen. Außerdem kümmert er sich über das notwendige und übliche Maß hinaus um seine Liegenschaft in Schottwien. Fazit bzw. mein Vorschlag: prüfe du als Mieter, ob für dich alles passt und gib Herrn Egresits ebenfalls die Möglichkeit dazu, ich bin mir ziemlich sicher, dass ihr letztendlich mit der richtigen Kommunikation und mit etwas Achtung auf den Umgang miteinander auf einen gemeinsamen grünen Zweig kommen werdet.

Zu deinen rechtlichen Recherchen möchte ich kurz anmerken, dass es tatsächlich (theoretisch) sogar richtige „Mietverhältnisse", die per Handschlag geschlossen werden gibt, diese aber (liegt in der Natur der Sache) rechtlich gesehen sehr schwierig sind. Deshalb nimmt man üblicherweise davon Abstand und vereinbart mittels schriftlichen Mietverträgen, wie in eurem Fall, die Rahmenbedingungen für das gewünschte Mietverhältnis innerhalb der gesetzlichen Regelungen. In ebendiesen Mietverträgen steht klar (in diesem Fall unter Punkt XVI.), dass „allfällige, vor diesem Mietvertrag getroffene mündliche, sowie schriftliche Vereinbarungen ihre Gültigkeit verlieren".

Ich hoffe, ich konnte dir behilflich sein und wünsche euch alles Gute.
Herzliche Grüße   Marion Brunner

Re: Aussage von Joachim bei Mietvertrag!

Hallo Marion!   18.10.2023

Danke für deine Antwort, wie gesagt war uns Joachim sehr sympathisch, nur leider wurden uns mehrere Sachen unterstellt und Joachim hat uns dazu belogen, weil wir uns beschwert hatten, obwohl wir laut Aussage unseres Rechtsanwalt sicher im Recht waren, was wir schriftlich und mit Fotos jederzeit beweisen können. Falls es dich interessiert und du Zeit dazu hast, kann ich dir die Emails an Joachim gerne zukommen lassen.

Jedenfalls Danke für deine Aussage, und natürlich ist es selbstverständlich, daß von unserer Seite nicht gegen die Hausordnung oder Mietvertrag verstoßen wird, wenn es um die Verlängerung geht! Wir haben viel Geld und vor allem viel Arbeit investiert, um den Garten aufzuwerten, und wir sind zu alt um nochmals umzuziehen! ☹ Viele Grüße von uns Drei, E&G&S „La Bestia"

Loch zum Dachboden und Wohnzimmertüre?

Schottwien 23.10.2023 Werte Fr. Scherz und Joachim!

Möchte nicht drängen, nur erinnern, ob wir, obwohl es von Joachim versprochen wurde, daß Loch zum Dachboden bald verschlossen wird, oder wir den Winter über damit leben müssen und unnötige Heizkosten haben? Auch wäre es freundlich die Wohnzimmertüre zu reparieren damit wir sie auch schließen können, was bis dato auch noch nicht geschehen ist!
Da wir von Marion die schriftliche Bestätigung bekommen haben, daß Joachim bei der Unterzeichnung des Mietvertrages gesagt hat, es gibt kein Problem mit einer Verlängerung, haben wir das beim Rechtsanwalt hinterlegt und geben nun nochmals auch der Hausverwaltung bekannt, daß wir an einer Verlängerung in 2,5 Jahren interessiert sind!
Vorausgesetzt natürlich, daß von unserer Seite nicht gegen die Auflagen des Mietvertrages und Hausordnung verstoßen wird. Ich hoffe doch, daß unsere Beschwerden, die ja der Wahrheit entsprachen, nicht ein Grund sein werden um dann in 2,5 Jahren die Sache per Gericht verhandeln müssen und sich die Angelegenheit zwischen Joachim sich beruhigen wird, auch wenn wir von ihm sehr enttäuscht wurden.
Bitte um Info, ob jemand kommt und den Dachboden dichtmacht, aber bitte mit Voranmeldung, denn wir halten die Gartentüre jetzt unter

Verschluß!   Viele Grüße Erich und Gabriela

P.S.: Ich hoffe auf Verständnis so vorzugehen, aber da wir von Joachim über Aussagen von Verena belogen wurden, mit Aussagen die sie nie gemacht hat, mußten wir auf ein Aussagen von Marion als Zeuge bestehen.

Hausmeisterbesuch

Schottwien 27.10.2023 Sehr geehrte Fr. Scherz und Fr. Hofer!

Als erstes, Danke das sie Hausmeister verständigt haben, denn es gab da ein Kommunikationsproblem zwischen uns, denn er meinte ich soll ihn anrufen, wann der Schimmel wieder kommt, nur ich bekämpfe ihn ja immer schon selber und wie am Foto zu sehen ist, wenn er nach ca. 14Tage oder etwas mehr, wieder kommt wie auf der Sesselleiste und Mauer hinter Ofen, sprayen wir selber Schimmelspray und wischen es ab, für das brauchen wir ja nicht den Hausmeister kommen lassen. Jedenfalls hat er versucht die Wohnzimmertüre zu reparieren was aber nicht voll gelang, sie geht noch immer sehr streng zu, aber man kann sie jetzt wenigsten mit etwas Kraftaufwand wenigstens schließen. Das Schlafzimmerfenster konnte er nachjustieren und es geht wieder ohne Probleme zu. Wir haben abwechselt das Entfeuchtungsgerät im Schlaf oder Wohnzimmer laufen, und es kommen noch immer in zwei Tagen mit ca. 10 Stunden Betrieb FÜNF Liter Wasser in den Behälter, obwohl wir jetzt schon heizen und sicher genug lüften! Aber da ich weiß, es ist ein altes Haus und somit auch feucht, ist es keine Beschwerde, sondern eben nicht zu verhindern. Speziell bei der nicht verputzten Rückseite! Wie schon einmal erwähnt, weil es bei der Sesselleiste immer so schnell von unten kommt, könnte auch der Fußboden schlecht isoliert worden sein, bevor man das Laminat verlegt hat, was natürlich Joachim nicht wissen konnte, da ja sein Fachwissen über Häuser sicher nicht groß ist.

Ich habe im Haus in Klosterneuburg den Estrich Unterboden isoliert und 15 cm Perlit eingefüllt, und Isolierplatten vor dem Verlegen vom Laminat gemacht.

Ich habe in Klosterneuburg das Haus, was in einem fürchterlichen Zustand war, selber von Grund aus alles neu hergerichtet, also damit genug Erfahrung, sie können sich die untenstehenden links ansehen wenn sie Interesse haben, Viele Grüße Erich und Gabriela
Hier die links:

http://www.ankh-refugium.com/Fotos2.html
http://www.ankh-refugium.com/Fotos3.html

Loch zum Dachboden noch da!!!

Schottwien 2.11.2023   Werte Fr. Scherz und Joachim!

Ich hoffe sie fassen es nicht wieder als Beschwerde auf, aber ich komme mir etwas blöd vor, oder schauen sie mich dafür an? Es freut mich zwar, daß sie die Ecke nun verputzt haben, wo die Wandstärke dort aber 80 cm oder mehr ist, nur warum nicht das Loch zugemacht wurde, kann ich beim besten Willen nicht begreifen? Von dem Mal abgesehen, daß keiner der Arbeiter auch nur ein Wort Deutsch versteht, hat es mich gewundert, warum die nicht mal eine Leiter mitgenommen haben? Nur warum ich da reklamiert habe, war ja das Loch zum Dachboden, wo ein Adler ohne Probleme reinfliegen kann und natürlich die kalte Luft einströmt und wir unnötig mehr heizen müssen. Also wieso niemand das Loch zugemacht hat, würde mich schon sehr interessieren! Zum Glück waren wir am Morgen noch da und ich konnte das Gartentor aufsperren, nur sollte man uns vorher informieren und nicht erst wenn sie schon vor der Tür stehen!

Übrigens nach 10 Wochen ist nun heute der Installateur hiergewesen, wo ich auf meine Kosten eine größeres Waschmuschel im Bad installieren lasse, leider paßt der Abfluß noch nicht richtig, und er muß nochmals kommen, aber wie gesagt das bezahlen wir ja selbst! Mfg Erich und Gabriela

Re: Begrüßung, Hauptstraße 38/7, Fam. Beyer – Albrecht

Schottwien 8.11.2023   Guten Morgen!

Warum bekommen wir wieder den Begrüßungsbrief vom März? Es wäre interessanter gewesen zu erfahren, warum die Arbeiter das Loch in den Dachboden nicht zugemacht haben? 🫨 Anbei ein Foto vom Bad, wo jetzt durch den neuen Spiegelschrank etwas Stauraum gekommen ist, und mit der größeren Waschmuschel mit Unterschrank das ja sehr kleine Badezimmer aufgewertet wurde. Wie schon gesagt, wir haben das auf unsere eigenen Kosten gemacht! War der Begrüßungsbrief ein Versehen? Gruß Erich, Gabriela und Shiva

Bekomme ich keine Antwort mehr?

Schottwien 15.11.2023   Guten Morgen!

Anscheinend sind wir keine Antwort mehr wert, weil ich die Wahrheit gesagt, und gefragt habe?

1. Zu meiner Frage, warum sie mir das Begrüßungsschreiben von vorigem Jahr nochmals zugesendet haben?

2. Warum das Loch zum Dachboden nicht zugemacht wurde, und nur die Ecke verputzt wurde?

Da wir in Dezember in Urlaub fahren, wird der Zugang zum Garten nicht mehr offen sein, also sollte, wenn es noch gemacht wird, solange wir noch da sind, gemacht werden, vor allem bevor es friert!

Ich weiß, daß ich hier wieder die Wahrheit sage, wenn ich fest Stelle wieso das Loch nicht verschlossen wurde, denn entweder sind die Arbeiter unfähig, was an der Arbeit zu sehen ist, weil das verputzen eher ein Pfusch ist, sicher keine Facharbeit, oder man hat ihnen gar keinen Auftrag für das Loch gegeben, was auch der Fall sein könnte! Wir würden doch gerne diese Fragen beantwortet bekommen, oder haben wir dazu kein Recht?

Mfg Erich & Gabriela

Re: Bekomme ich keine Antwort mehr?

Schottwien 16.11.2023   Werte Fr. Scherz!

Anbei der screenshot wo ich am 8.11. 2023 das Email von ihnen erhalten habe, da sie es angeblich nicht gesendet haben, weiß ich nicht warum es dann am 8.11. nochmals zu mir gekommen ist, denn vom April habe ich es ja schon erhalten!

Da wir seit Monaten auf die Schließung des Lochs warten, kann von „zeitnah" ja keine Rede sein, oder doch? Für sie mag es nicht wichtig sein, daß wir unnötig viel heizen müssen, weil die Kälte in den Dachboden eindringt, für uns aber schon!

Da sie ja selber auf der unteren Terrasse waren und die Steine gesehen haben, die sich von der Mauer gelöst haben, ist es da auch keine Gefahr für sie, denn wenn einer dieser Stein unseren Hund trifft kann er dabei locker erschlagen werden, und ich möchte diesen Stein auch nicht über den Fuß bekommen, denn er wäre sicher schwerverletzt und gebrochen.

Zu Terminen ist es OK, nur wenn die am 2. November hier waren und die Ecke zugeschmiert haben, wo von Facharbeit sicher keine Rede sein kann, und mir dann erklärt wird, er konnte nicht früher kommen, um das Loch zu schließen, weil es immer geregnet hat, dann habe ich dazu eigentlich nichts weiter zu sagen, denn es waren viele schöne Tage dazwischen! Den Vorschlag es selbst zu bezahlen, kam schon einmal von Joachim, auch wegen dem Kellerlicht, wo ich es das Erste Mal sehe, das in einem dunklen Keller kein Licht befindet! Was aber sicher nicht vom Mieter einzuleiten ist, genau so wenig wie grobe Schäden am Haus!

Mfg Erich Beyer und Gabriela

116

Loch geschlossen!

Schottwien 20.11.2023

Guten Morgen!
Gestern war nochmals der Hausmeister da und hat ein Foto gemacht, ich auch und habe es angehängt! Jedenfalls mal Danke, daß dieses Loch noch vor dem Winter geschlossen wurde und wir nicht unnötig Heizkosten haben.

Viele Grüße Erich, Gabriela und Shiva!

Information zum Heizen und Feuchtigkeit

Skradin / Kroatien 6.12.2023

Werte Fr.Scherz!

Ich weiß zwar, daß sie von mir nicht gerne Informationen erhalten, aber ich möchte nur drauf hinweisen, daß die Warnungen, die wir am Beginn von mehreren Personen erhalten haben, bzgl. Heizen und Feuchtigkeit und Schimmel, leider stimmen dürften. Leider hat uns weder die Maklerin noch Joachim davon informiert, wie schlimm es wirklich ist! ☹

Obwohl wir ja noch nicht viele Minusgrade hatten und wir seit Wochen volle Kraft heizen, die Infrarotpaneele schalten überhaupt nicht mehr aus, schaffen wir im Schlafzimmer nicht mal mehr 18° zu bekommen, nicht vorzustellen, wenn es Wochenlang nur Minusgrade hat? Dafür haben sich die Laminat Bretter im Schlafzimmer, da sie anscheinend das Erste Mal so lange beheizt wurden, ausgetrocknet und sind geschrumpft, wie man an den Fotos sehen kann! Leider stimmt auch, was uns Mieter gesagt haben, im Stiegenhaus ist jeden Morgen alles komplett Naß und die Wände und Türe sind voll mit Wasser, also wird hier durch die schlechte Isolierung sicher wieder alles voll Schimmel werden, und da wir seit Tagen voll Heizen, ist keinerlei Wärme im Stiegenhaus zu bekommen!

Wir sind mal in Urlaub in Kroatien, also ersparen wir uns die Stromrechnung und Holz für heizen, wo zwar der zusätzliche Holzofen, wenn wir den ganzen Tag heizen, wohlige Wärme im Wohnzimmer, aber der Absaugventilator der die Wärme ins Schlafzimmer bringen sollte, hat außer dem extra Lärm und Stromverbrauch, nicht viel Wärme ins Schlafzimmer gebracht.

Das war nur eine Anmerkung, damit sie nicht glauben wir sind an der Feuchtigkeit und eventuellen Schimmel schuld, nur ist es sicher, was wir ja wissen, es ist ein altes Haus und nicht zum wirklich gut zum Heizen! Trotzdem wünschen wir allen schönen Feiertagen, mit Grüßen aus Kroatien, Erich und Gabriela

119

Email Korrespondenz ab 2024

Trockenmauer gefallen!

Schottwien 31.1.2024   Sehr geehrte Fr. Scherz!

Wir sind gestern von Kroatien zurückgekommen, leider mit Schock, als wir die Trockenmauer gesehen haben, die auf unser Hochbeet gefallen ist, wie weit der Schaden am Hochbeet ist kann ich nicht sagen da die Steine davor liegen, aber ich hoffe es hält sich in Grenzen. Jedenfalls bitte ich jemanden zu senden der die Mauer repariert und die Steine mal zur Seite räumt damit Hochbeet nicht noch mehr beschädigt wird. Ich lasse das Gartentor offen, falls wir nicht da sind, damit Arbeiter reinkommen können.

Obwohl wir ja jetzt in der Nacht noch nicht mal Minus Grade hatten und die Heizung schon seit drei Tagen voll aufgedreht wurde, hatten wir in dem Zimmer gerade 10° geschafft, also wenn jetzt noch Minus Grade kommen, sehe ich nicht wie es diese Heizungen schaffen sollte, die Räume warm zu bekommen, gut, daß wir zwei Monate auf Urlaub waren. Mit Ofen im Wohnzimmer, wo Holz natürlich zusätzlich kostet, schaffen wir Wohnzimmer warm zu bekommen, aber auch Gebläse bringt nicht viel Wärme ins Schlafzimmer! 😨
Hochachtungsvoll Ihr Erich Beyer i.V. Gabriela Beyer-Albrecht

Re: Trockenmauer gefallen!

Sehr geehrter Herr Beyer,   *1.2.2024*

die arbeiten bei der Trockenmauer wird im Frühling erledigt, da es jetzt nicht viel Sinn macht, da es immer wieder Minusgrade hat und hatte. Mit freundlichen Grüßen Carina Scherz

Re: Trockenmauer gefallen!

Schottwien 1.2.2024   Sehr geehrte Fr. Scherz!

Danke erstmals für die Info, nur ist mir das mit der kommenden Minusgrade etwas unklar!? Denn eine Trockenmauer wie diese ist ja mit keinem Mörtel gemacht worden, also ist dann Minus eher egal! Nur es hat natürlich Zeit bis Frühling, nur BITTE sollte jemand die großen Steine mal zur Seite räumen, bevor das Hochbeet noch mehr Schaden nimmt, wenn da noch was nachkommt, oder bezahlt eine Versicherung mein Hochbeet? Ich kann leider wegen meinem Rücken und bevorstehender Meniskusoperation die Steine nicht zur Seite legen, aber hier zu warten würde, denn Schaden noch größer machen! Also bitte nicht bis Frühling warten und die Steine mal zur Seite räumen, bevor sie noch mehr am Hochbeet anrichten! Danke!

Hochachtungsvoll Ihr Erich Beyer i.V. Gabriela Beyer-Albrecht

Re: Trockenmauer gefallen!

2.2.2024

Guten Morgen Herr Beyer,

Herr Wunsch wird es erledigen. Ich wünsche Ihnen einen schönen Tag.

Mit freundlichen Grüßen   Carina Scherz

Re: Trockenmauer gefallen

Danke, wir lassen das Gartentor mal unversperrt! Mfg Erich Beyer

P.S.: Übrigens hat das Erdbeben nur in der Küche in der Deckenkante etwas Farbe runter blättern lassen, wie wir am Boden und Küchentisch festgestellt haben, sonst zum Glück keine Schäden!

Restmüll!

Schottwien 4.2.2024   Sehr geehrte Fr. Scherz!

Es tut uns leid nochmals zu belästigen, ich komme mir schon wie ein „Querulant" vor, nur weil ich die Tatsachen aufzeigen will. Joachim hat mir bereits bei unserem Einzug versprochen, dafür zu sorgen, daß wir mehr Behälter für den Restmüll bekommen, aber wie so vieles, nicht eingehalten, obwohl er meinte, es verursacht keine Kosten, man muß sie nur anfordern! Das ist jetzt 10 Monate her, und es kamen keine Kübel dazu!

Bitte uns nicht falsch zu verstehen, aber wir waren jetzt zwei Monate gar nicht hier und es sind bereits beide Kübel mit Restmüll bis zum Rand voll, und erst im März werden sie wieder geleert! Also wohin sollen wir dann mit dem Restmüll? Dabei sind von den sieben Kübel der grünen Tonne, bis dato noch fünf komplett leer! Siehe Foto!

Da wir auch mit dem Ofen heizen müssen, weil wir sind erfrieren würden, darf ich die Asche ja nur in den Restmüll entsorgen, also was soll ich sonst mit der Asche machen?

Hochachtungsvoll Erich Beyer u. Gabriela Beyer-Albrecht

Re: Restmüll!

5.2.2024   Sehr geehrter Herr Beyer,

leider sieht es so aus, als ob die Mülltrennung nicht funktioniert.

Ich würde Sie bitten, um die Kosten niedriger zu halten, sich Säcke bei der Gemeinde zu holen. Vielen Dank.

Soweit wir wissen, ist es sich mit den Tonnen bis jetzt immer ausgegangen. Es gäbe aber auch die Möglichkeit, die Asche ins Hochbeet zu verteilen oder in die Wiese.

Mit freundlichen Grüßen   Carina Scherz

Re: Restmüll!

Sehr geehrte Fr. Scherz!   6.2.2024

Ich kann über Mülltrennung nichts sagen, denn wir waren ja zwei Monate gar nicht hier, also von uns gibt es noch keinen Müll!! Wir sind sogar vorher ein paarmal, als wir viel Kartons hatten, mit dem Auto zur Sammelstelle gefahren und auch unseren Grünschnitt haben wir dorthin gebracht, weil alles voll war!!

Was ist mit extra Kübel für Restmüll wo Joachim gesagt hat die kosten nichts, man muß sie nur bestellen?? Oder war das so wie viele Dinge, die von ihm gesagt wurden, nicht wahr?

Jedenfalls müßten wir extra Müllsäcke bezahlen, wie es auch bei mir In Klosterneuburg der Fall, wo alle 14 Tage die Kübel geleert werden, warum hier nur alle zwei Monate ist mir etwas unklar! Jedenfalls will meine Frau sicher nicht extra noch Müllsäcke kaufen müssen, wenn wir nicht einmal was reingeworfen haben, und trotzdem keinen Platz haben!

Heute hat ein Mann mal einen Teil der Steine weggeräumt, nur liegt noch viel am Hochbeet an, da er diese Steine gar nicht allein wegbekam! Dann liegen nun alle Steine an der Fassade an, bin schon gespannt wie die dann aussehen wird?

Hochachtungsvoll Erich Beyer + Gabriela

Zur Info für Asche!

Sehr geehrte Fr. Scherz!   6.2.2024

Ich habe mich mal erkundigt, ein 60 Liter Müllsack kostet 9.- € (NEUN) also ganz schön teuer! Dann wo soll man den Müllsack verstauen, im Wohnzimmer? Er ist auf einmal nicht angefüllt!

Zur Asche ins Hochbeet streuen, wieviel geht da rein, sicher nicht viel und unsere Erde ist verseucht! Die Idee in die Wiese streuen ist ja überhaupt nur möglich, wenn ich dann nach der Feuchtigkeit den ganzen Dreck ins Haus bringe, vor allem mit Hund so schnell und so gut können wir die Pfoten gar nicht abwischen! Sie dürften keine Ahnung haben, wieviel Dreck eine nasse Asche verursacht! Mir unerklärlich solche Ideen zu haben!

Und NOCHMALS, wir waren zwei Monate nicht hier, also wieso sollen wir uns Säcke kaufen, weil die Restmülltonnen voll sind?

Hochachtungsvoll Erich Beyer und Gabriela

P.S.: Hier wie die Steine an der Fassade aussehen und was noch an Erde nachkommt, wie lange soll das nun so bleiben?

Trockenmauer und Hochbeet!

Schottwien 16.2.2024 Sehr geehrte Fr. Scherz!

Da es jetzt die letzten 14 Tage keine Minusgrade hatte, aber die Erde noch immer weiter nachrutscht und dafür sorgt, daß in der nassen Erde das Hochbeet vor sich hin rosten kann, möchte ich Fragen wie lange hier noch gewartet wird? Daß sie uns gezwungen haben eine Haushaltsversicherung abzuschließen, möchte ich fragen, ob auch eine von ihnen für den Garten vorhanden ist, der den Schaden am Hochbeet bezahlt? Denn die Steine haben die Schutzschicht natürlich total aufgerissen und nun kann der Rost vollzuschlagen! Hochachtungsvoll Erich Beyer i.V. Gabriela Beyer-Albrecht

Re: Trockenmauer und Hochbeet!

Sehr geehrter Herr Beyer,   16.2.2024
wir haben gerade Rücksprache mit Herrn Wunsch gehalten. Die Steine wurden entfernt. Die Mauer kann natürlich noch nicht aufgebaut werden. Auch wenn es momentan Plusgrade hat, es ist WINTER und es können schnell wieder Minusgrade werden – d.h. die Mauer wird im Frühling gemacht.
Freundliche Grüße   Anika Schreiner

Re: Trockenmauer und Hochbeet!

16.2.2024   Danke für die Info und wir hoffen das die Mauer bald wieder aufgestellt wird, bevor noch mehr runterkommt! Unsere Haushaltsversicherung hat mit dem Garten nichts zu tun und bezahlt auch den Schaden nicht! Mfg Erich Beyer

Re: Trockenmauer und Hochbeet!

Sehr geehrter Herr Beyer,   16.2.2024
wir werden Herrn Wusch nochmals daran erinnern. Genau für solche Schäden, ist die Haushaltsversicherung normalerweise da! Freundliche Grüße Anika Schreiner

Re: Trockenmauer und Hochbeet!

16.2.2024   Sehr geehrte Fr. Schreiner!

Was hat das mit Minusgraden zu tun? Das ist eine Trockenmauer und ohne Mörtel aufgestellt worden, und der Schaden wird am Hochbeet immer größer und auch der Hang rutscht immer weiter ab, also auf was wollen sie da warten? Vor allem würden wir im März auch gerne wieder das Hochbeet bepflanzen und wollen es dann nicht zerstören lassen, wenn daneben gearbeitet wird! Mfg Erich Beyer

Noch Steine in der Erde

16.2.2024   Hier ein Foto, wo zu sehen ist wieviel Erde und Hang da noch nachkommt und vor allem war da noch so großer Stein den der arme Mann alleine gar nicht weg heben konnte auf dem jetzt noch mehr Erde liegt! Nur zur Info, mfg Erich Beyer

Nächstes Mauerstück vor Fall!

Schottwien 23.2.2024   Wertes Team!
Möchte sie nur darauf aufmerksam machen, daß nun das nächste
Mauerstück schon weiter vorkommt und in nächster Zeit auch fallen
wird! Sollte da jemand verletzt werden, wären sie dafür verantwortlich!
Mfg Erich Beyer i.V. Gabriela Beyer-Albrecht

Re: Nächstes Mauerstück vor Fall!

26.2.2024   *Sehr geehrter Herr Beyer,*

wie schon erwähnt, können diese Arbeiten erst im Frühjahr, bei wärmenden Temperaturen erledigt werden. Bitte um Kenntnisnahme. Danke. Mit freundlichen Grüßen
Carina Scherz

Re: Nächstes Mauerstück vor Fall!

26.2.2024   Bitte nehmen sie auch zur Kenntnis, daß in den letzten DREI-Wochen nicht ein Tag mit Minusgraden war, auch nicht in der Nacht! Also was sollen da ihre Ansagen? Und was glauben sie denn, daß ich unter der Mauer warte, bis sie stürzt? Nur kann ich unseren Hund nicht immer so kontrollieren, daß er ja nicht dorthin läuft und dann eventuell abstürzt, deshalb haben wir ja ein Haus mit Garten gemietet! Mfg

Re: Nächstes Mauerstück vor Fall!

26.2.2024   Erstens ist schon Frühling und zweitens haben sie gesagt sie handeln nur wenn Gefahr im Verzug ist! Die Mauer hat Steine mit mehr als 30 kg drinnen und kommt schon weit schräg vor, warten sie, bis wer verletzt wird? Mfg

Re: Nächstes Mauerstück vor Fall!

Sehr geehrter Herr Beyer, 26.2.2024   *Frühlingsbeginn ist 20.03.2024.*

Ich bin schon ratlos, wie ich Ihnen helfen kann. Ich versuche Ihnen immer wieder behilflich zu sein und „nein" wir wollen nicht, dass jemand verletzt wird.

130

Wie gesagt, bei warmen Temperaturen, es ist doch noch Winterzeit,
wird das Mauerwerk von Herrn Wunsch beauftragt.

Wenn es so schlimm ist, rate ich Ihnen, dass Sie aufpassen sollen und es
einmal so belassen wie es ist.

Es ist ganz normal, dass sowas „arbeitet". Im Winter friert es, dann
kommen wieder plus Grade. Mit freundlichen Grüßen
Carina Scherz

Teerassenmauer und Restmüllkübel

19.3.2024   Wertes Team!

Ich glaube da man nun nicht mehr mit starkem Frost rechnen muß und
wir endlich mit den Frühjahresarbeiten im Garten und Hochbeet
anfangen wollen. Deshalb würden wir gerne die Mauerarbeiten erledigt
haben wollen, damit wir auch unseren Garten voll benutzen können!

Auch würde es gut sein, einen der Grünen Müllkübel gegen einen
grauen Restmüllkübel zu tauschen, was ja dann auch keine Steigerung
der Betriebskosten verursachen würde. Vor allem das immer zwei grüne
Kübel leer sind, aber der Restmüll übergeht!

Bitte um Erledigung dieser Arbeiten und Ansuchen, mfg Erich Beyer
und Gabriela Beyer-Albrecht

P.S.: Wir lassen unser Gartentor unversperrt, also ist der Zutritt jederzeit
möglich.

Re: Teerassenmauer und Restmüllkübel

Sehr geehrter Herr Beyer,   *20.3.2024*

131

wir werden uns darum kümmern. Betreffend der Tonnen, werden wir es in die Wege leiten, es zu tauschen.

Mit freundlichen Grüßen
Carina Scherz

Teerassenmauer

Wertes Team!   26.3.2024
Danke für den Restmüllkübel und auf baldige Mauer Befestigung! MFG
Erich und Gabriela

Mauer Reparatur???

Schottwien 4.4.2024
Werte Hausverwaltung!
Da wir im Garten langsam mit Pflanzen setzen anfangen wollen, würden wir gerne wissen, wann nun endlich die Mauer gemacht wird, denn wir möchten dann nicht unbedingt alles im Hochbeet vor den Arbeiten zerstört haben. Bitte um Info Gruß Gabriela und Erich

Re: Mauer Reparatur???

Sehr geehrte Fam. Beyer,   *4.4.2024*

in 14 Tagen wird mit den arbeiten begonnen. Mit freundlichen Grüßen
    Carina Scherz

Re: Mauer Reparatur???

Das ist aber sehr spät, und wir können vorher keine Pflanzen setzen, uns unverständlich es so lange hinauszuziehen, obwohl es bis Dato in den letzten Monat kein einziges Mal Frost gegeben hat. Mfg Fam. Beyer

Firmenpolitik im südlichen NÖ

Schottwien 12.4.2024   Sehr geehrte Fr. Scherz und Team!

Bitte mich jetzt nicht falsch zu verstehen, auch wenn sie nicht gerne meine Emails lesen, aber ich möchte es trotzdem sagen und feststellen, was hier im Südlichen NÖ eigentlich los ist! Ich habe ja in Klosterneuburg auch mit Firmen zu tun gehabt, aber so was wie hier ist mir noch nie passiert! Denn erstens, wo ich mich nochmals bedanke, daß wir einen dritten Restmüllkübel bekommen haben, aber in Klosterneuburg wird der Müll alle 14 Tage geleert, was hier mit DREI Monaten ja mehr als vertrottelt ist, solche Zustände von einer Gemeinde sind ja lächerlich! Selbst in Kroatien in Skradin haben sie manchmal zweimal die Woche den Müll entsorgt, aber so weit sind sie Schottwien sicher nicht! ☺ Zu den Firmen, die Arbeiter für die Mauer waren vorige Woche noch hier und haben sich die Mauer nochmals angesehen, und der eine der Deutsch spricht hat uns gesagt, sie fangen diese Woche am Donnerstag an! Wie schon vorher gewußt, sind sie auch heute noch nicht aufgetaucht, wir kommen uns etwas „gehänselt" vor!
Zu Roman Redwell der die Infrarotpanele verpfuscht hat, den habe ich bereits im November 2023 zigmal angerufen, und selbst die zwei Monate, wo wir in Kroatien waren hat er sich nicht gemeldet! Seit wir zurück sind habe ich zig mal angerufen und gebeten und gebettelt er möchte das „tok tok" von den Paneelen endlich reparieren und auch mit SMS zig mal geschrieben, aber er sagte mit zig mal er kommt bald vorbei, das letzte Mal war er angeblich in Graz und wegen mir kommt er nicht extra, aber nach fast 7 (SIEBEN) Monaten fand er es nicht der Mühe wert die Paneele zu reparieren, wahrscheinlich wartet er damit die Heizsaison vorüber ist und wir dann das lästige laute „Tok,Tok" der Paneele nicht mehr hören müssen!

Was sind hier eigentlich für unnötige Firmen tätig die wirklich nur

„Pfuschen"?

Wollte das nur mal aufzeigen, mit Gruß und schönes Wochenende Fam. Beyer

Versicherung kommt nicht????

Schottwien 15.4.2024

Wertes Team!

Ich verstehe die Welt nicht mehr, denn wieso kann, wenn wir den Schaden im Februar bzgl. Mauer gemacht haben, seit dieser Zeit keiner von der Versicherung vorbeikommen? Habe mit Hr. Wunsch telefoniert, warum er nicht am Donnerstag gekommen ist, und auch nicht diese Woche anfängt? Nun sagt er mir er hat kein „grünes" Licht von Ihnen bekommen, weil angeblich noch niemand von der Versicherung sich die Sache angeschaut hat! Was ist das für eine Versicherung die nicht fähig sind über ZWEI Monate einen Sachverständigen zu senden? Oder wurde es erst jetzt gemeldet??? Mfg Fam. Beyer

Mauer im Garten?

Schottwien 2.5.2024   Wertes Team!

Jetzt wird es aber allmählich „fad" denn wie lange sollen wir noch auf die Trockenmauer warten? Wir wollen unseren Garten endlich wieder VOLL und ohne Gefahr benutzen können, denn wir bezahlen die Miete für das GANZE Objekt und wollen daß nun endlich nach DREI Monaten die Mauer repariert wird! Oder wäre es Joachim lieber, wenn wir einen Teil der Miete einbehalten? Denn es sollten Beide Vertragspartner ihre Pflichten einhalten, oder läuft es hier in Schottwien anders?

Bitte um Info, wann es hier endlich erledigt wird, Mfg Erich und Gabriela

Keine Antwort!

Schottwien 13.5.2024   Wertes Team!

Anscheinend sind wir in 11 Tagen noch keiner Antwort wert, oder wollen sie uns vergessen? Was ist nun nach 3,5 Monaten mit der Mauer los? Wir mußten eine Haushaltsversicherung abschließen was aber gesetzlich gar nicht konform ist, aber ihr Sachverständiger schafft es nicht die Mauere zu besichtigen, oder war das nur eine Ausrede und wir werden schon wieder angelogen?
Zur Info, was die Fassade die ja keine Feuchtigkeit durchläßt, was angeblich der „Fachmann" von Joachim behauptet hat, zeigt die Mauer im Vorzimmer obwohl da ein Fenster daneben ist und die Bank 10 cm von der Mauer weg steht, wo nach zwei Monaten sogar schon gesundheitsschädlicher schwarzer Schimmel entstanden ist! Nur zur Info wir haben schon selbst mit Schimmelspray und Antischimmel Farbe behandelt, aber die Mauer können wir sicher selber nicht restaurieren!
Bitte um baldige Antwort und Erledigung damit wir endlich unser Hochbeet gefahrlos bepflanzen können und nicht vom Rest der Mauer erschlagen werden!   Erich und Gabriela

Re: Keine Antwort!

Sehr geehrter Herr Beyer,   16.5.2024

wir sind bemüht für Ihr Anliegen. Leider warten wir auch immer selbst, bis sich die Firmen bei uns melden.

Die Versicherung hat sich bis datto noch nicht gemeldet, meine Kollegin ist aber dran, sobald wir näheres wissen, geben wir Ihnen Bescheid.

Eine kleine Anmerkung noch, der Sachverständige wird nicht von uns beauftragt sondern von der Versicherung selbst.

Bitte noch um etwas Geduld, auch wenn es schon so lange dauert.

*Vielen Dank.   Wir wünschen Ihnen ein schönes Pfingstwochenende.
Mit freundlichen Grüßen   Carina Scherz*

Re: Keine Antwort!

Wertes Team!   16.5.2024

Was haben sie für eine Versicherung wo in 3,5 Monaten kein Sachverständiger kommt? Hat man nicht bezahlt? Sonst gibt es keine Erklärung dafür, und nun fast vier Monate ist mehr als geduldig, oder nicht? Aber die Firma für die Wohnung unten arbeitet sofort! MFG Erich und Gabriela

Auf Firmen warten?

Schottwien 16.5.2024   Sehr geehrte Fr. Scherz!

Da ich auch schon mehrere Versicherungsschäden im Haus und Wohnung hatte, und etwas Erfahrung, und bei uns war innerhalb von 14

Tagen der Sachverständige vor Ort. Sogar in Klosterneuburg wo man 260 Naturstufen rauf gehen muß für die Besichtigung!

Auch das sie selber auf die Firmen warten müssen, ist etwas unverständlich, denn Hr. Wunsch hat mir vor Monaten gesagt er hätte schon längst mit den Arbeiten begonnen, wenn er „grünes" Licht von Ihnen bekommen würde! Also bitte um Erklärung, warum sie dann auf die Firmen warten müssen?

So leid es mir tut, aber uns kommt es vor nun auch von der Hausverwaltung belogen zu werden, wie es ja Joachim schon ein paarmal praktiziert hat, was mir noch mehr unverständlich ist, wieso man hier solche Praktiken anwendet, aber alle diese Ausreden in den letzten Vier Monaten sind eher unglaubwürdig!

Wenn es jetzt einen Schaden am Dach geben würde und es rein regnen würde, wird man dann auch auf einen Sachverständigen VIER Monate warten?

Ich hoffe doch, daß wir hier wie es Joachim schon mit Vormietern passiert ist, und mir jetzt verständlich erscheint, daß wir nicht unsere Rechtsschutzversicherung benutzen müssen und gerichtliche Schritte einleiten müssen um unsere Mauer repariert zu bekommen, denn unsere Geduld ist am Ende, was auch ihnen nach vier Monaten warten doch verständlich sein dürfte! MFG und schönes Wochenende Erich und Gabriela

Hang und Infrarotpanele

Schottwien 31.5.2024   Wertes Team!
Nun sind es über vier Monate, wo wir auf die Reparatur vom Hang warten! Wie sie sehen, ist der Hang natürlich nun schon weiter abgerutscht und beschädigt unser Hochbeet, was nicht sehr sinnvoll ist! Warum hier keine Firma kommt, ist uns nicht klar, aber in der Vergangenheit wurde uns ja von Firmen gesagt, daß sie nicht kommen,

138

weil Joachim die alten Rechnungen nicht bezahlt hat, ist es jetzt auch der Fall?

Werden wir jetzt gezwungen gegen Sie gerichtlich vorzugehen? Das kann als kein gutes Mietverhältnis angesehen werden!

Ebenfalls ist mir unklar, warum Roman der die Infrarotpaneele montiert hat, was meiner Meinung ein absoluter Pfusch ist, und ich glaube nicht, wenn ich seit VIER Monaten bei Roman anrufe und er kommt nicht, nun aber auch wieder im Schlafzimmer das Panel zum Lärmen anfängt und wir mit lauten „Tok, Tok" drei bis viermal in der Nacht geweckt werden und im Bett „Habt acht" stehen und nicht schlafen können. Es dürften hier nur unfähige Firmen arbeiten, die keine Ahnung davon haben was sie tun! Oder kommt Roman auch nicht, weil er nicht bezahlt wurde? Wobei dieser Schaden aber eindeutig eine falsche Montage die Ursache ist, also von ihm in Garantie gemacht werden muß! Er hängt jetzt bei meinem Anruf einfach auf und findet es nicht mal der Mühe wert mit uns zu reden! Soll ich hier eine andere Firma beauftragen und ihnen die Rechnung zusenden?

Bitte um baldige Klärung Gruß Fam. Beyer-Albrecht

Mietzinsminderung!

Schottwien 3.6.2024 Werte Hausverwaltung und Joachim!

Da leider alle Versuche unsere Mauer zu reparieren nach vier Monaten noch immer fehlgeschlagen sind, habe ich jetzt vom Mieterschutz den Vorschlag bekommen ihnen diese Mietzinsminderung zu senden. Da unser Verhältnis zu Joachim ja gut war und leider durch seine zahlreichen Lügen gegen uns stark beeinträchtigt wurde, haben wir bis dato von einer Anzeige bei der Baupolizei abgesehen, weil wir unser Mietverhältnis nicht noch mehr belasten wollen. Sollte aber nicht in Kürze die Mauer repariert werden, sollen wir laut Vorschlag des Mieterschutzes die Anzeige machen.

Leider reagiert auch Roman nicht auf meine unzähligen Anrufe, um die Infrarotpaneele zu reparieren und wir jede Nacht mehrmals durch lautes „Tok Tok" beim Ausdehnen und abkühlen geweckt werden, was alles andere als angenehm ist. Sollte es Roman nicht in Kürze, nach nun VIER Monaten erledigen, bitte ich um die Adresse der Firma, um bei der Innung gegen diese Machenschaften und Pfusch eine Anzeige zu machen oder sie senden uns unverzüglich eine andere Firma die, die Paneele repariert!

Mfg Gabriela Beyer-Albrecht und Erich Beyer

An

Joachim Egresits

Immobilienservice Hofer

AbsenderIn

Gabriela Beyer-Albrecht - Erich Beyer

2641 Schottwien

Hauptstraße 38 Nebengebäude 7

Wien, am   03.06.2024

Betrifft: <u>Wesentliche Beeinträchtigung der Mietrechte – Mietzinsminderung</u>

Sehr geehrte Damen und Herrn,

folgender Umstand führt zu einer wesentlichen Beeinträchtigung der vertraglich vereinbarten Mietrechte an der Wohnung Top Nr. NG 7 des Hauses 38 Wien, Schottwien 2641, Hauptstraße 38 Nebengebäude 7

Sachverhalt:
Seit Februar 2024 ist in unseren Garten die Trockenmauer gefallen und wurde trotz zig Anfragen nicht repariert und unsere Forderungen die auch unsere Sicherheit betreffen ignoriert. Da auch in absehbarer Zeit noch der andere Teil der Mauer fallen wird, ist Gefahr in Verzug!

Ich ersuche Sie, die oben angeführte Beeinträchtigung binnen einer Frist von 14 Tagen zu beseitigen. Sollten Sie zur weiteren Abklärung Kontakt mit mir aufnehmen wollen, bin ich unter der Telefonnummer 069910775548 in der Zeit 09 bis 18 h erreichbar.

Der Ordnung halber weise ich darauf hin, dass die Erhaltung und Störungsabwehr des Mietgegenstandes gemäß § 1096 ABGB in die Pflicht der/des Vermieterin/Vermieters fällt.

Durch die oben angeführte Beeinträchtigung tritt ex lege gemäß § 1096 ABGB mein Mietzinsminderungsrecht ein.

Daher zahle ich den Mietzins unter Vorbehalt meines Mietzinsminderungsanspruchs und behalte mir die Rückforderung der zu viel bezahlten Mietzinsanteile ausdrücklich vor.

Mit freundlichen Grüßen

Re: Mietzinsminderung!

4.6.2024   Sehr geehrter Herr Beyer,

141

wir sind stets bemüht und mit den Firmen in Kontakt. Auch wir warten, bis die Versicherung sich den Schaden ansieht, damit bei der Mauer im Garten mit den Arbeiten begonnen werden kann.

Wir haben auch mit der Firma Redwell gesprochen, betreffend der Infrarotpaneele. Es war ein Mitarbeiter vor 14 Tagen bereits vor Ort bei Ihnen, dies haben Sie leider uns gegenüber nicht erwähnt. Es wäre anzuraten, dass Sie die Infrarotpaneele abdrehen. Sie haben auch einen Holzofen, der bei dieser Jahreszeit gut zum Einsetzen ist.

Wenn Sie so unzufrieden sind mit der Wohnsituation, steht es Ihnen auch frei die Wohnung zu kündigen.

Wie erwähnt, sind wir stets bemüht um Ihr Anliegen, aber auch wir sind an Firmen gebunden und müssen warten.

Wir wollen nicht gegeneinander arbeiten, sondern wollen ein gutes Miteinander. Mit freundlichen Grüßen Carina Scherz

Re: Mietzinsminderung!

4.6.2024 Wertes Team. Es war kein Arbeiter von Redwell bei uns, das ist eine Lüge, oder er kam, ohne vorher anzurufen und wir waren mit Womo unterwegs. Dann gibt es keinen Ofen im Schlafzimmer also was soll so eine Ansage? Wir wollen auch ohne Probleme mit den Paneelen heizen können! Ihr Problem mit Sachverständiger ist nach vier Monaten unglaubhaft, und wir werden sicher nicht kündigen auch nicht in zwei Jahren, was wir ja schon mit Marion geklärt haben und dann sicher gerichtliche Schritte einleiten falls der Vertrag nicht verlängert wird! Und für Mauer war unsere Geduld lange genug und wir werden Anzeige bei der Baupolizei machen, wenn es nicht in 14 Tagen erledigt ist. Mfg fam. Beyer

Nochmals zur Klärung! Re: Mietzinsminderung!

Unterwegs mit WOMO 4.6.2024

Sehr geehrte FR. Scherz!

Ich verstehe solche Ansagen einer Hausverwaltung nicht ganz, versuchen sie hier die Mieter zu vergraulen, statt zu sehen das sie bleiben und ein gutes Mietverhältnis besteht?

Wie gesagt haben wir von Marion schon die schriftliche Bestätigung, das Joachim bei der Unterzeichnung des Mietvertrages gesagt und garantiert hat, daß es keine Probleme mit einer Verlängerung gibt. Sollte er da auch schon gelogen haben wird es in zwei Jahren bei Gericht geklärt werden müssen, da ja meine Frau und ich, sowie Marion und noch einer von Büro bei dieser Aussage dabei waren und es dann vor Gericht bestätigen müssen!

Da wir bereits viel Arbeit und Geld in den Garten gesteckt haben, werden wir in zwei Jahren sicher nicht ausziehen wollen, also den Vertrag verlängern werden. Sie können doch uns nicht den Vorwurf machen, wenn hier von Anfang an alles „schief" ging, was vor unserem Einzug hätte gemacht werden sollen. Ich glaube, daß wir hier zur Genüge versuchen alles in Ordnung zu halten, und wir sogar den Schimmel selbst bekämpfen, und im Bad und Küchenzeile Fliesen angebracht haben, damit die Wände nicht angespritzt werden.

Was den Ofen betrifft und das sicher gutgemeinte System mit Ventilator die warme Luft ins Schlafzimmer zu blasen, ist eher zu vergessen, von dem mal abgesehen das es auch Strom braucht, ist der Ventilator laut und sicher nicht die ganze Zeit zu hören angenehm. Dann müßte man im Wohnzimmer schon Saunatemperatur erreichen, um im Schlafzimmer halbwegs eine warme Luft rüber zu bekommen, aber sicher kann man damit nicht das Zimmer warm bekommen!

Joachim hat hier sicher nur unfähige Leute gehabt, die ihm dieses Heizsystem installiert haben, was sicher nicht wirklich eine gute Idee war, noch ausreichend zum Heizen ist.

143

Was Roman betrifft, warum unterstellen sie uns, daß wir nicht gesagt haben das jemand vor 14 Tagen bei uns war? Es war niemand bei uns noch hat Roman zurückgerufen, und ich rufe und ersuche ihn seit VIER-Monaten die Paneele wieder zu reparieren.

Es tut uns leide, aber als Service einer Hausverwaltung stellen wir uns was anderes vor, als ihre Ausreden und Unterstellungen und Versuche uns zu einer Kündigung zu bewegen. Ich war schon beim ATV mit unserem Haus in Klosterneuburg beim „Nachbarschaftsstreit" vielleicht sollten wir ihr Vorgehen und die Lügen von Joachim auch mal ins ATV bringen?

Viele Grüße aus der Amethyst Welt in Maissau, Erich und Gabriela

P.S.: Da die Mietzinsminderung individuell bei jedem Fall entschieden werden muß, werden wir den Preis dann feststellen lassen müssen!

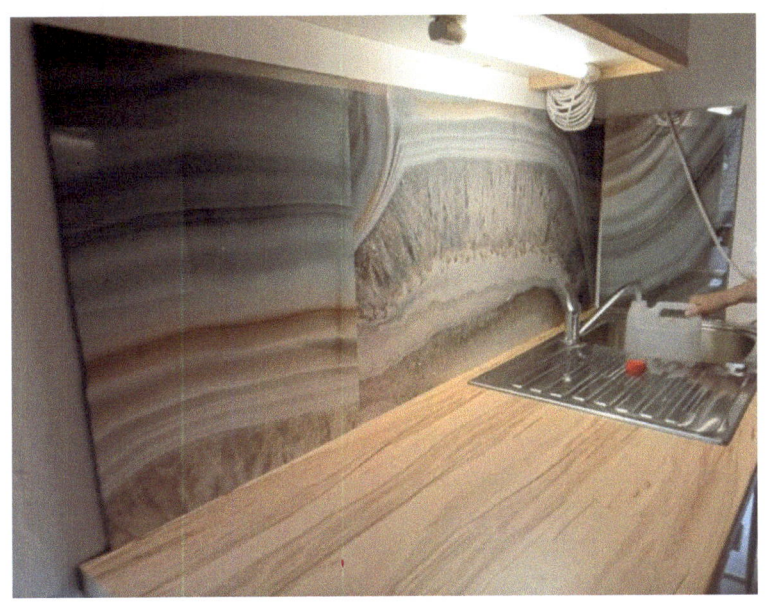

Noch diese Woche Zeit!

Klosterneuburg 10.6.2024

Werte Fr. Scherz und Joachim!

Da heute früh noch keine Arbeiten an der Mauer begonnen haben, und wir leider wahrscheinlich diese Woche nicht im Haus sind, also wir erst am Wochenende sehen ob die Arbeiten begonnen haben, weil wir Beide Arzttermine im AKH Wien haben und somit in Klosterneuburg bleiben werden, möchten wir sie darauf aufmerksam machen, wenn die Arbeiten nach dieser letzten Frist von 14 Tagen, vom Mieterschutz vorgeschlagen mit der Angabe der Mietzinsminderung, daß wir dann am Montag Anzeige bei der Baupolizei machen werden!

Das wir nun für fast FÜNF Monate von ihnen für Blöd verkauft werden ist ja schon eine Frechheit sondergleichen und ich werde dem ein

145

ganzen Kapitel in meinem neuen Buch widmen, denn auch die Dame vom Mieterschutz sagte mir: Sie hat in ihrer langjährigen Erfahrung noch nie gehört, daß ein Sachverständiger fünf Monate braucht, um einen Schaden zu besichtigen! Sie würde gerne, so auch wie wir, wissen welche Versicherung sie denn hier überhaupt haben?

Wir haben das Gartentor offengelassen, also kann jederzeit mit den Arbeiten an der Mauer begonnen werden, ich hoffe, daß wir es nicht so weit kommen lassen müssen die Anzeige bei der Baupolizei zu machen. Es würde weder für Joachim noch für die Hausverwaltung angenehm werden! In diesem Sinne mfg Erich Beyer und Gabriela Beyer-Albrecht

P.S.: Eine Aussage von einer Hausverwaltung, weil wir unsere Schäden gerne repariert haben wollen, daß wir ja kündigen können, wenn es uns nicht paßt, ist auch alles andere als fair! Wir wurden von ihnen gezwungen, eine Hausversicherung abzuschließen

Re: Noch diese Woche Zeit!

12.6.2024 Sehr geehrter Herr Beyer,

wir wissen leider nicht, von welchen 5 Monaten Sie immer sprechen... Wir haben Ihnen sehr oft gesagt, dass die Mauer erst gemacht wird, wenn es nicht mehr gefriert, da die Mauer sonst wieder auffriert und das keinen Sinn hat. Nachweislich hatte es Mitte April in der Nacht noch Minusgrade.
Wir haben schriftlich, wann wir das Angebot für die Reparatur bekommen haben und wann wir dieses der Versicherung weitergeleitet haben... Also stellen Sie uns nicht immer als Lügner da.
Des Weiteren haben wir genügend Mails, in denen Sie uns und Joachim beschimpfen (Missachtung oder nichtachtende Äußerungen über eine Person in Wort, Bild, Schrift und Geste, Darstellung falscher Tatsachen, Verleumdung uvm...).
Betreffend des Verlängerns des Mietvertrages ist TATSACHE, dass Sie

einem Mietvertrag bis 14.04.2026 haben. Eine Verlängerung obliegt alleine dem Eigentümer. Dies ist im Mietvertrag stichfest angegeben und mit Ihrer Unterschrift bestätigt.

Leider sehen wir bei Ihrem Verhalten (Drohungen, Beschimpfungen...) deshalb wenig Chance sollte sich ihr Verhalten nicht ändern, den Eigentümer davon zu überzeugen, Ihren Mietvertrag zu verlängern. Wir sind mit dem Eigentümer und der Versicherung immer wieder in Kontakt und ohne die Zustimmung von den beiden können wir leider keine Beauftragung machen. Wir sind im Hintergrund sehr viel in dieser „Mission" tätig. Umso mehr kränkt oder besser gesagt ärgert uns Ihre öffentliche Anprangerung. Es muss Ihnen doch klar sein, dass wir keine eigenmächtigen Aufträge vergeben können. Sie haben hier leider sehr Rufschädigend gearbeitet ....

Meine Damen waren immer höflich, wenn aber mal die Aussage fällt, dass man „ja ausziehen kann", dann ist das nicht persönlich zu werten, sondern es entspricht der Realität. Wenn man sich nur mehr ärgern muss, dann ist doch die logische Konsequenz, dass man dies in Betracht zieht.

Freundliche Grüße   Das Team vom Immobilienservice Hofer

Re: Noch diese Woche Zeit!

Wertes Team!   12.6.2024

Im Gegenteil zu Aussagen von Joachim, haben wir es nicht nötig zu lügen und dafür haben wir auch Zeugen, also leicht zu beweisen was wahr ist! Ein Sachverständiger, der bei Ihnen ja noch immer nicht gekommen ist, hätte bereits im Jänner verständigt werden können, egal ob es gefriert oder nicht, und noch einmal: Bei einer Trockenmauer nicht relevant ist, weil da kein Mörtel verwendet wird! Es war übrigens im März und April wochenlang keine Minusgrade, wieso sie welche hatten ist uns unklar!

Bei Unterzeichnung des Mietvertrages wurde vor Zeugen, was wir ja nun auch schriftlich haben, zugesagt, daß es keine Probleme mit einer Verlängerung gibt! Also werden wir das dann klären!

Und uns zu unterstellen falsche Aussagen zu machen ist auch eine Frechheit, denn und für die Dinge, die bis Dato passiert sind, verantwortlich zu machen für die wir sicher nichts können, sondern im Vorfeld schlampig gearbeitet wurde, und es sicher keine Facharbeiter waren.

Keine unserer Aussagen sind eine Lüge und entsprechen nur Tatsachen und Fakten, die mit Fotos und Zeugen jederzeit zu belegen sind und somit wird am Montag eine Anzeige bei der Baupolizei gemacht, sie können uns nicht drohen noch einschüchtern, wir haben hier zu viel Arbeit und Geld investiert, um uns dann von ihnen raus werfen zu lassen.

Wie sie sehen, verlegen wir im Garten gerade Steinplatten, um nicht immer nasse Füße zu bekommen!　　　Mfg Fam. Beyer

Unterstellung und Verleumdung!

Schottwien 13.6.2024   Wertes Team und Joachim!

Wir wissen ja, daß ein freundschaftliches Verhältnis zu Joachim besteht, aber trotzdem sollten sie ihren Pflichten als Hausverwaltung nachkommen, auch wenn ihnen der Vermieter nähersteht als wir!

Wir waren nie zu einer ihrer Damen unfreundlich, noch haben wir sie beleidigt, also unterlassen sie solche Aussagen.

1. Bitte geben sie uns die Unterlagen für den Mieterschutz und Rechtsanwalt, daß sie im JÄNNER den Schaden bei der Versicherung gemacht haben, als wir bei IHNEN den Fall der Mauer gemeldet haben, und wir dann die Versicherung fragen können, warum sie in FÜNF Monaten noch immer keinen Sachverständigen gesendet haben?

2. Als sie voriges Jahr bei uns zur Besichtigung waren, wo sie den hinteren Teil der Mauer zur oberen Terrasse besichtigt haben, wo auch bereits große Steine ausgebrochen sind und wir sie auch auf die untere Mauer aufmerksam gemacht haben, wurde nichts von ihrer Seite noch vom Vermieter unternommen, bis es nun zu diesem Schaden kam wo unser Hochbeet mit jedem Tag mehr beschädigt wird!

3. Als Hr. Wunsch die Steine auf die Seite legen lies, hat er uns dann ein paar Tage später gesagt, er hätte sofort mit dem Aufstellen der Mauer anfangen können, nur hat er von ihnen kein grünes Licht bekommen. Also wieso haben sie dann ein Problem eine Firma dafür zu finden und wundern sich, wenn wir glauben, hier belogen zu werden?

4. Bitte mir sofort die Auszüge meines Schreibens zu senden, wo wir sie angeblich beschimpfen und bedrohen, denn wenn ich mir erlaube ihnen zu sagen, daß wir gerichtliche Schritte einleiten, wenn sie ihren Pflichten als Hausverwaltung und Joachim als Vermieter nicht nachkommen, ist das sicher keine Drohung, sondern eine Ankündigung

149

von div. Schritten, die wir unternehmen, weil wir lange genug darum gebeten haben, und unsere Miete ja immer pünktlich bezahlt wird.

5. Uns für die Vorfälle und Beschädigungen, die im Vorfeld schon waren und schon repariert hätten werden müssen, und uns dafür die Schuld geben, weil wir es wagen unsere Rechte einzufordern, ist schon eine große Frechheit von ihnen.

Wir sind es leid hier hundertmal zu urgieren und Emails zu senden, so lustig ist es ja nicht wenn man um sein Recht kämpfen muß, aber da ja alle Fotos und der Schriftverkehr ja aufgezeichnet bleibt, wird es dann, falls sie uns in zwei Jahren den Mietvertrag, wie versprochen nicht verlängern, wird es wahrscheinlich zu einem längeren Prozeß kommen, wo es bei Gericht geklärt werden wird, wenigsten wissen wir warum wir die Rechtschutzversicherung und den Mieterschutz bezahlen.

Wir hätten uns nicht gedacht so ein Mietverhältnis zu bekommen, aber da wir wie schon gesagt, zu viel Arbeit und Geld selbst investiert haben, werden wir uns sicher nicht von ihnen vergraulen lassen. Und wenn uns jemand sagt: **Wenn es uns nicht paßt, dann können wir ja kündigen!** Dann nehmen wir das schon als „persönlich", denn anders kann man das nicht auffassen!

Mfg Fam. Beyer

Anruf!

Schottwien 15.6.2024   Sehr geehrte Fr. Hofer!

Als Erstes, Danke für ihren gestrigen Anruf mit der Ankündigung, daß nun der Sachverständige am Mittwoch, den 19. Juni kommen soll und sich die Mauer ansieht! Ich weiß nicht, ob er an der Terrasse auch ganz rückwärts wo unser Biohaufen ist, auch ansieht, ist schon wieder mit Efeu zugewachsen, also schwer einzusehen aber die großen Steine

150

liegen davor im Gras und sind zu sehen! Wir werden aber heute bevor wir mit WOMO losfahren, noch etwas freilegen!

Ich weiß ja, daß mir die Damen gesagt haben, sie nicht unbedingt lange Emails lesen wollen, weil ich ja sicher nicht der einzige Kunde bin, aber ich schreibe lieber statt Telefonieren, denn meine Erfahrung hat gezeigt, wie oft dann behauptet wird: Das habe ich nicht gehört, oder das habe ich nie gesagt!

Da ich in meinen 25 Büchern immer nur die Wahrheit berichte, ist auch immer alles zu belegen, mit Aufzeichnungen, Fotos und Zeugen!

Wir wollen jetzt mal darauf vertrauen, daß nun der Sachverständige wirklich kommt und somit mal vorerst von einer Anzeige bei der Baupolizei absehen.

Was die Mietzinsverminderung betrifft, die ja nicht von uns festgelegt wird, sondern da es ja immer individuell auf den Fall ankommt, von einer Behörde. Sind wir bereit, falls die folgenden Punkte erfüllt werden, davon abzusehen und keinen Zins zurückzufordern!

1. Die Mauer bald repariert ist!

2. Roman Redwell einen Termin macht, um endlich nach Monaten die lauten Paneele zu reparieren. Es ist für NIEMANDEN zumutbar, daß er in der Nacht drei bis viermal durch lautes Ausdehnungsklopfen der Paneele geweckt wird, es streßt und belastet uns sehr und ist eine physische und körperliche Belastung sondergleichen! Das war in der Vergangenheit eine Foltermethode, wenn man Leute nicht schlafen lies und sie dauernd geweckt wurden. Das Klopfen (TOK; TOK) dauert in der Regel sowohl beim Einschalten und Abschalten über ZEHN Minuten an!

3. Joachim uns eine schriftliche Bestätigung gibt, die von ihm bei der Unterzeichnung des Mietvertrages, schon mündlich zugesagte Verlängerung, ohne Probleme nun auch in zwei Jahren verlängert wird.

Ich hoffe, daß sie trotz freundschaftlichen Verhältnisses zu Joachim unsere Situation verstehen, denn meine Frau sollte nach ihrer schweren Krebserkrankung eigentlich keinen Streß haben, was aber der lange Kampf mit zig Emails, Beschwerden und falschen Anschuldigungen, wir um unser Recht kämpfen müssen, sicher nicht sehr gesundheitsförderlich. Ich denke wir machen genug, um unser Mietobjekt in guten Zustand zu halten. Da wir wissen, es ist ein altes Haus, bekämpfen wir denn Schimmel selbst, denn auch der ist sicher für den Krebs in Stirn, Nasen und Kieferhöhle nicht gerade förderlich, wie man sich ja vorstellen kann.

Ich hoffe doch, daß wir in zwei Jahren einen langen Prozeß dadurch vermeiden können, falls uns Joachim kündigen will! Es wäre uns zwar egal, weil dann wissen wir wenigstens warum wir eine Rechtsschutzversicherung und Mieterschutz bezahlen!

Hochachtungsvoll Ihr Erich Beyer und Gabriela Beyer-Albrecht

P.S.: Und bitte sagen sie uns nicht wieder: Wir können ja kündigen! Wir haben uns in dieses Objekt trotz aller Mängel verliebt und zu viel an Arbeit, Zeit und Geld investiert, um es aufzugeben, außer wir sterben vorher! ☺

Loch in Mauer zur oberen Terrasse

Schottwien 15.6.2024   Sehr geehrte Fr. Hofer!
Hier noch anbei die Löcher in der Mauer hinten zur oberen Terrasse, ich hoffe, daß es auch ihre Versicherung zahlt, aufmerksam darauf haben wir die Damen ja schon bei ihrem Besuch voriges Jahr gemacht!

Natürlich werden solche Schäden immer größer je länger man sich mit der Instandsetzung Zeit läßt! Und bitte geben sie nicht wieder uns die Schuld, weil wir sie darauf Aufmerksam gemacht machen, wir haben sie nicht abgebrochen! „Don't kill the messenger!" 🙂

Hochachtungsvoll Fam. Beyer

Mauer und Mietzinsminderung

Schottwien 1.Juli 2024

Sehr geehrte Fr. Hofer, Joachim und Team!

Nun wir bekamen keine Nachricht ob jetzt der Sachverständige bei uns war und wie es weiter gehen soll? Da heute auch keine Arbeit begonnen wurde und wir nun seit FÜNF-Monaten unseren Garten nicht voll benutzen können, wir haben keine Tomaten im Hochbeet anpflanzen können, noch können wir unsere Gartenmöbel aufstellen und im Garten sitzen, weil der befestigte Teil nicht zu benützen ist, wo wir deshalb die Mietzinsminderung in Erwägung ziehen, würden wir gerne wissen wann wir unseren Garten und die Mauer endlich hergerichtet bekommen?

Obwohl wir mit Joachim am Anfang ein gutes Verhältnis hatten, scheint er uns keine schriftliche Bestätigung geben zu wollen, daß der Mietvertrag verlängert wird, natürlich nur wenn von unserer Seite keine Dinge gemacht werden, die gegen den Vertrag verstoßen!

Der Mieterschutz würde hier sogar noch weiter gehen, da sogar ein Teil der Maklerprovision zurückgefordert werden kann, da in der Wohnung nichts gegen den Schimmel unternommen wurde, außer daß man darübergestrichen hat, also eigentlich eine eventuelle gesundheitsschädliche Wohnung vermietet wurde. Joachim hat uns zwar von Keller berichtet, wo es natürlich klar ist das er nicht trocken ist und alles schimmelt, nur hat uns niemand gesagt, das z. B. im Stiegenhaus nicht nur Schimmel ist, sondern sogar das Wasser die Wände runter läuft, also uns über den tatsächlichen Zustand nicht die Wahrheit gesagt wurde!

Wir haben bis Dato von einer Anzeige bei der Baupolizei abgesehen, aber wenn wir nicht die schon mündlich gegebene Zusage von Joachim bei der Unterzeichnung des Mietvertrages bekommen, werden wir mal über den Mieterschutz die Mietzinsminderung einfordern und im Zuge wenn die Reparatur nicht bald begonnen wird, auch die Anzeige bei der

Baupolizei machen.
Bitte um baldige Info, mfg Fam. Beyer

Info

4.7.2024 Sehr geehrter Herr Beyer,
wir möchten Sie informieren, dass Herr Wunsch heute am Abend kommt
und die betroffene Mauer vorerst absperrt. Laut dem Sachverständigen
*besteht **keine** Gefahr in Verzug.*
Weitere Ergebnisse der Versicherung liegen uns leider noch nicht vor.
Freundliche Grüße   Anika Schreiner

Re: Info

4.7.2024 Wir sind mit Womo unterwegs, welcher Sachverständiger
kann beurteilen, wann die nächsten Steine fallen? Er müßte ein
Hellseher sein. Nur ist unsere Geduld am Ende und wir warten sicher
nicht noch ein Monat, ohne unsere Garten Möbel aufstellen zu können
also werden wir vom Mieterschutz mal die Mietzinsminderung einleiten
lassen da Joachim kein Interesse hat uns eine schriftliche Zusage für ein
Verlängerung zu geben. Wenn nicht ab nächster Woche angefangen
wird zum Arbeiten, machen wir Anzeige bei der Baumpolizei, möchte
gerne wissen, ob die auch meinen, daß keine Gefahr im Verzug ist, was
ich mir nicht vorstellen kann. Ich hoffe, daß sie verstehen und wir uns
etwas gehänselt vorkommen. Gruß Familie Beyer

Unverständlich für uns?

Hainburg 5.7.2024

Sehr geehrte Fr. Schreiner!

Wieso muß Hr. Wunsch etwas absperren, wenn nach Ansicht des
Sachverständigen KEINE GEFAHR besteht? Da wir jetzt unterwegs

sind und nicht vor Ort, weiß ich nicht was da jetzt abgesperrt wurde, nur ist es nach FÜNF Monaten doch etwas spät, oder nicht? Unser Hochbeet wurde in der Wartezeit doch immer mehr beschädigt, was sicher nicht von Vorteil war.

Wie gesagt, ich hoffe es ist am Montag Arbeitsbeginn, sonst werden wir die weiteren Schritte unternehmen, mfg Fa. Beyer

Anzeige bei der Baupolizei

Schottwien 8.7.2024

Sehr geehrte Fr. Schreiner und wertes Team!

Da wie vorauszusehen war, auch heute keine Arbeit begonnen wurde, und wir uns schon fragen, wenn angeblich: KEINE Gefahr im Verzug ist, warum dann nach FÜNF Monaten auf einmal eine Absperrung gemacht wird? Haben wir heute die Anzeige bei der Baupolizei gemacht. Die Amtsleiterin der Gemeinde Fr. Rottensteiner wird sie in Bälde anschreiben und das Gutachten ihres Sachverständigen anfordern, das uns auch sehr interessieren würde, wieso er KEINE Gefahr im Verzug sieht?

Da weder Joachim eine Reaktion gezeigt noch und entgegen gekommen wäre, werden wir alle nur erdenklich mögliche Schritte unternehmen, und weitere Anzeigen bei der Regierung und Soforthilfe von NÖ und angeblich geht auch eine Anzeige bei der Arbeiterkammer einleiten, denn wir haben nun wirklich genug uns für FÜNF Monate für blöd verkaufen zu lassen!

Mfg Fam. Beyer

ANZEIGE AN BAUPOLIZEI

Schottwien 8.7.2024

Betrifft: 2641 Schottwien, Haupstraße 38 Nebengebäude 7

TROCKENMAUER ist runter gebrochen

An Amtsleiterin Frau Helena Rottensteiner, Marktgemeinde Schottwien

Nach Anraten vom Mieterschutz machen wir jetzt die Anzeige bei der Baupolizei, weil weder der Vermieter Joachim Egresits noch die Hausverwaltung Hofer in FÜNF Monaten nichts unternommen haben und unser Anliegen ignoriert haben, außer daß sie uns geraten haben das Mietverhältnis zu kündigen. Der ganze Schriftverkehr mit zig Fotos ist natürlich vorhanden und gespeichert und jederzeit einzusehen, nur würde es hier bereits ein Buch füllen!

1. Am 30. Jänner 2024 sahen wir nach Urlaub, daß in unseren Garten die Trockenmauer gefallen ist, und auch das Hochbeet beschädigt hat. Siehe Foto:

Die Steine sind teilweise bis zu 30 kg und schwerer und es besteht die Gefahr das noch weitere Teile der Mauer abbrechen.

2. Wir haben sofort beim Vermieter und Hausverwaltung schriftlich Meldung gemacht, aber wir wurden nur mit Ausreden hingehalten, daß es noch Frost geben könnte und daher die Mauer nicht repariert werden kann. Was nur jemand behaupten kann, der keine Ahnung hat, denn es ist (war) eine Trockenmauer die nur auf geschlichtet wurde. Von dem mal abgesehen, daß die Technik schon so weit ist und selbst in Mörtel oder Beton ein Frostschutzmittel beigeben werden kann.

3. Nach vielen Emails und Anfragen am Vermieter und Hausverwaltung schickten sie dann am 5. Februar einen Arbeiter der einen Teil der Steine wegräumte und an unsere Hauswand schlichtete, was für die Wand auch sicher nicht von Vorteil ist, und auch unser Hochbeet weiter in Mitleidenschaft war. Und wieder wurden wir vertröstet wegen „Frost", obwohl wir nachweislich fast zwei Monate keine Minusgrade im Garten hatten, wie ich am Außenthermometer festgestellt habe.

4. Wie voraus zu sehen war, kamen Mitte Februar immer weitere Teile der Mauer und Erdreich nach und der mittlere Teil der Mauer hing schon sehr schräg vor, wo da die Gefahr bestand, das Steine runterfallen, was schwere Verletzungen verursachen können! Sieh Foto vom 20.2. 2024

5. Wieder vergingen Wochen und unsere Beschwerden wurden ignoriert, weil sie angeblich keine Firma finden, die es machen kann. Nun der Arbeiter von Hr. Wunsch der die Steine an die Hauswand geschlichtet hat, kam ja nicht wieder, somit rief ich

Hr. Wunsch an und der sagte mir, er können sofort die Mauer reparieren, nur bekommt er kein „grünes" Licht von der Hausverwaltung, deshalb kann er nicht anfangen.

6. Nach wieder vielen Emails mit Hausverwaltung und Vermieter brachen noch dazu auch Steine mit mehr als 30 kg aus dem oberen Teil zur oberen Terrasse hinter dem Haus raus und fielen runter, diesen Schaden hatte ich schon 2023 gemeldet und dokumentiert und die Hausverwaltung hat es bei einer Begehung bereits gesehen. Siehe Foto vom 15.6.2024

7. Dann kamen weitere für uns unglaubwürdige Ansagen der Hausverwaltung, nämlich daß ihre Versicherung nicht fähig ist und bereits seit 4,5 Monaten keinen Sachverständigen gesendet

hat und sie deshalb keine Firma beauftragen können und wir wieder vertröstet wurden.

8. Nach Anraten vom Mieterschutz haben wir bereits am 3. Juni 2024 ein Formular mit einer Ankündigung für Mietzinsminderung an die Hausverwaltung und Vermieter gesendet.

9. Da wir weiter, unserer Meinung nach vom Vermieter und Hausverwaltung belogen und mit einer Hinhaltetaktik versucht wird uns aus dem Haus zu vergraulen, weil wir es wagen unsere Rechte einzufordern und uns beschwert haben. Nun wurden wir von Fr. Hofer angerufen, das angeblich der Sachverständige am 19. Juni kommen soll, es, aber besser wäre uns nicht bei der Besichtigung einzumischen, was wir sowieso nicht konnten, da wir mit Wohnmobil unterwegs waren. Nur hätten wir gerne gewußt welche Versicherung es ist, und warum der Sachverständige 4,5 Monaten keine Zeit hatte?

10. Nun nach meiner Drohung auch eine Anzeige bei der Baupolizei zu machen, schrieb mir dann die Fr. Schreiner von der Hausverwaltung, daß der Sachverständige gesagt hat, sogar FETT geschrieben, das **keine** Gefahr im Verzug ist! Wie er das weiß, wann der nächste Stein aus der Mauer bricht, ist mir etwas unklar? Noch unverständlicher ist, daß nun nach FÜNF Monaten auf einmal am 4. Juli von Hr. Wunsch eine Absperrung gemacht wurde!

11. Wieso wird nach FÜNF Monaten auf einmal eine Absperrung gemacht, wo doch angeblich keine Gefahr im Verzug ist? Siehe Foto:

Da wir uns nun, was ja jedem verständlich war der diese Geschichte gehört hat, etwas gefrotzelt vorkommen und wir von der Hausverwaltung und Vermieter als total verblödet gehalten werden, ist der Grund diese Anzeige zu machen, wenn wir nun seit Monaten unsere Gartenmöbel nicht aufstellen können, noch das Hochbeet bepflanzen konnten, nur das vom vorigem Jahr dahin wuchert was wir gepflanzt hatten.

Bitte um Bestätigung daß diese Anzeige angekommen ist und verbleiben Hochachtungsvoll

Mieter Gabriela Beyer-Albrecht und Erich Beyer

Haushaltsversicherung

Schottwien 8.7.2024

Wertes Team und Joachim!

Wie wir schon angekündigt haben, werden wir alle Schritte einleiten um alles, was uns ungerecht angelastet wurde zu tun um zu unseren Recht zu bekommen. Nun das Joachim uns nicht schriftlich eine Zusage gibt, obwohl er es bei der Unterzeichnung des Mietvertrages gesagt hat es gibt kein Problem und der Mietvertrag wird verlängert, erklärte man uns, es werden jetzt immer nur mehr Mietverträge mit drei Jahren gemacht. Was wir, weil wir uns in das Haus verliebt haben, leider geglaubt haben, aber ebenso eine Lüge war, wie das wir von ihnen gezwungen wurden eine Haushaltsversicherung abzuschließen! Dazu dieser Gesetzesauszug:

Immer wieder kommt es vor, dass im Mietvertrag eine Klausel enthalten ist, die besagt, dass der Mieter verpflichtet ist, eine Haushaltsversicherung abzuschließen und eine Bestätigung darüber dem Vermieter vorzulegen. Was aber passiert, wenn man dem nicht Folge leistet?

Grundsätzlich gilt, dass so eine Klausel unwirksam ist. Der Vermieter kann vom Mieter nicht verlangen, dass dieser eine Haushaltsversicherung abschließt. Es ergeben sich also für den Mieter keine mietrechtlichen Nachteile, wenn er entgegen dem Passus im Mietvertrag keine Versicherung abschließt. Trotzdem empfiehlt die MVÖ unbedingt den Abschluss einer Haushaltsversicherung. Ein Malheur ist schnell passiert und durch eine Haushaltsversicherung ist man abgesichert.

Zusammengefasst kann gesagt werden, dass es ausschließlich Sache des Mieters ist, ob er eine Haushaltsversicherung abschließt oder

nicht, es aber auf jeden Fall sinnvoll ist sich für den Schadensfall bestmöglich abzusichern.

Nun Frage ich sie, wieso sie uns dazu gezwungen haben? Bitte um Info wieso sie sich dieses Recht genommen haben, auch wenn es nicht Gesetzeskonform ist? Mfg Fam. Beyer

Reparatur Steinmauer

Sehr geehrter Herr Beyer,

im Laufe der nächsten Woche wird die Steinmauer repariert. Den genauen Termin geben wir noch bekannt. Bitte bis nächste Woche das Hochbeet wegstellen, damit die Arbeiter gut dazukommen und arbeiten können. Freundliche Grüße Anika Schreiner

Re: Reparatur Steinmauer

9.7.2024 Das Hochbeet hat über 300 kg und kann nicht bewegt werden, wie stellen sie sich das vor? Wenn die Arbeit sofort begonnen wurde, bevor die ganze Erde und Steine nachkamen wäre es kein Problem gewesen, vor allem weniger beschädigt geworden als es jetzt ist. Ich hoffe die Versicherung bezahlt uns den Schaden, mfg Familie Beyer

Re: Reparatur Steinmauer

10.7.2024 Der Gärtner Herr Gerdenitsch kommt diesen Samstag.

Wenn das Hochbeet nicht weggestellt wird, kann nicht garantiert werden, dass die Arbeiten fachgerecht bzw. überhaupt gemacht werden können. Falls die Mauer nicht repariert werden kann, geht die Behinderung von Ihnen aus. FG Immobilienservice Hofer

Re: Reparatur Steinmauer

10.7.2024 Die Mauer ist einen halben Meter HINTER dem Hochbeet gewesen, also war es zu dieser Zeit kein Problem. Hat eigentlich jemand eine Ahnung von ihnen, was ein Hochbeet ist, daß mit mehr als zwanzig Säcken Erde und Mull gefüllt ist und unten ein Gitter liegt, das von unten keine Wühlmäuse kommen können?

Nun drohen sie uns noch, daß wir die Arbeiten behindern, was eine absolute Frechheit ist! Fam. Beyer

Mietzinsminderung

Schottwien 10.7.2024   Wertes Team und Joachim!

Zu der eingeschränkten Gartenbenützung für fünf Monate, würde noch sehr erschwerend dazu kommen, daß wir mehr als DREI Monate jede Nacht mehrmals geweckt werden, weil die Infrarotpaneele so einen Lärm machen, was mehr als gesundheitsschädlich ist, und uns nervlich sehr schwer belastet hat. Auch bis dato hat es Roman Redwell nicht wert gefunden diesen auch bereits vor FÜNF Monaten angezeigten Schaden zu reparieren! Jetzt ist zwar keine Heizsaison aber wir wollen sicher nicht warten, bis sie wieder anfängt, ich hoffe doch, daß es verständlich ist, wenn jemand jede Nacht in seinem Schlaf gestört wird, nicht gerade glücklich ist!

Nun drohen sie uns auch noch, daß wir die Arbeiten behindern, weil wir das Hochbeet nicht wegräumen, was noch eine größere Frechheit ist, weil sie nichts unternommen haben und uns fünf Monate hingehalten haben. Wir haben sie vor dem Aufstellen des Hochbeetes schriftlich und mit Fotos informiert. Wir sehen hier eindeutig, daß sie mit allem möglichen Mitteln und Drohungen uns vergraulen wollen, was meiner krebskranken Frau nicht sehr förderlich ist und wenn sie dadurch einen gesundheitlichen Schaden davonträgt, werden wir gegen sie eine Klage machen, an der sie die Verantwortung übernehmen müssen. Diese nervliche Belastung für meine Frau habe ich ihnen übrigens auch schon vor Monaten geschrieben, was sie gerne nachlesen können, auch wenn sie keine langen Emails von uns lesen wollen, was sie ja schon einmal gesagt haben.

Eigentlich hat uns der Mieterschutz gesagt das eventuell ihre Versicherung auch für die Mietzinsminderung aufkommen kann, je nach ihrem Vertrag, siehe Auszug:

Sollte es ein Versicherungsfall sein würde ein Sachverständiger der Versicherung zumindest was die Ebene Versicherung/Vermieter betrifft darüber entscheiden, ansonsten müsste eben Ihr Vermieter einen Vorschlag machen. Man kann in dieser Angelegenheit auch außergerichtlich mit Ihrem Vermieter verhandeln!

Nun da zwar am Anfang, Joachim bevor diese Situation so eskalierte immer gesagt hat: „Durchs reden kommen die Leute zusammen" er aber nicht im Geringsten ein Entgegenkommen zeigt, werden wir wahrscheinlich bereits zur Forderung der Mietzinsforderung gerichtlich vorgehen müssen, nicht erst in zwei Jahren, wenn wir die Mietzinsverlängerung verhandeln werden. Außer wir bekommen ein annehmbares Angebot und können eine außergerichtliche Einigung machen, es würde sicher Joachim noch viel Geld ersparen, denn wir werden das Objekt sicher nicht aufgeben, weil wir zu viel Geld und Energie reingesteckt haben, und obwohl wir gegen Schimmel kämpfen müssen und immense Heizkosten haben, sind wir in das Haus und Garten verliebt!

Mfg Fam. Beyer

Re: Mietzinsminderung

Sehr geehrte Fam. Beyer, 10.7.2024

ein friedliches Miteinander – welches sehr von Herrn Egresits angestrebt wurde, war von dem Zeitpunkt an nicht mehr möglich als Sie ihn als „Arschloch" beschimpft haben. Sie wünschen eine Verlängerung des Vertrages und haben mit Ihren Äußerungen unter der Gürtellinie, leider die Basis zerstört.

Der Vermieter hat sehr viele Maßnahmen getroffen. Auch jene, wo es sich nicht um dringliche Maßnahmen gehandelt hat.

Wir haben Ihnen niemals gedroht. Von Ihrer Seite kommen ständig Bedrohungen (Klage, usw.), öffentliche Anprangerungen, usw.

Weder der Vermieter noch wir wollen Ihre Frau belasten. Vielleicht sollten Sie eine friedlichere Kommunikation ohne Drohungen führen. Das wäre bestimmt für die Genesung Ihrer Frau von Vorteil.

Warum verstehen Sie nicht, dass man mit einem freundlichen, friedlichen Miteinander mehr erreicht als mit ständigen Konfrontationen? Gruß Das Team des Immobilienservice

Re: Mietzinsminderung

Wertes Team!   10.7.2024

Schon wieder lügt Joachim, denn ich habe das nie zu ihm gesagt, sondern was ich sofort nachher beteuerte, habe ich gesagt: ER GEHT MIR MIT SEINEN LÜGEN AM A...!

Man kann mir alles sagen, denn dann kann ich fragen, warum er das sagt, nur eines kann ich nicht ausstehen, wenn ich belogen werde, deshalb lüge ich auch NIE!

Daß er gelogen hat kann man bei einer Gerichtsverhandlung jederzeit beweisen, und es werden Peter und Anna, sowie Verena das auch bestätigen, wenn sie vorgeladen werden.

Vor allem, was hat es damit zu tun, wenn man sein Recht fordert, aber man ignoriert wird. Vielleicht hätte Joachim nicht nur Pfuscher im Haus arbeiten lassen dürfen. Vor allem hätte er sich vorher erkundigen sollen, was hier alles nicht in Ordnung ist, wenn er schon selbst keine Ahnung hat. Denn wenn laut Bauordnung im Stiegenhaus ein Handlauf fehlt, ist es sicher nicht unsere Schuld usw. Wenn da ein Unfall passiert wäre, dann hätte das sicher schlimmere Folgen für ihn gehabt, als einen Handlauf zu montieren. Und wenn mir Joachim sagt das ich zu Personen im Haus unfreundlich war und deshalb niemand mit mir Kontakt aufnimmt, dann ist es schon wieder eine Lüge, da ich bis zu dem Zeitpunkt noch mit niemanden gesprochen hatte also gar nicht unfreundlich sein konnte! Es gebe da noch viele Punkte, die ich aufzählen könnte, was wir als Mieter fordern konnten, wir aber immer lange gewartet haben, und sie uns wie bei der Mauer fünf Monate für blöd verkauft haben! So wie mit der Ausrede man kann wegen Frost nicht arbeiten! Wenn sie Behauptungen aufstellen, dann sollten sie eine Ahnung von der Materie haben, bevor sie was sagen.

Wir haben nicht mit einer Klage gedroht, sondern nur unser Recht gefordert, denn wir zahlen unsere Miete pünktlich, sie aber ignorieren alles und haben uns somit dazu gezwungen.

Falls es hier so weit kommt, daß wir zu Gericht gehen, dann werde ich meine Frau sicher, soweit es geht entlasten, nur mir machen Gerichtsverhandlungen eine Freude, denn nicht nur in meinen Büchern will ich die Wahrheit schreiben, sondern auch unser Recht einfordern. Nicht nur der Mieterschutz gibt uns Recht, sondern wird dann unsere Rechtschutzversicherung wenigstens was zu tun haben damit hier die Wahrheit ans Tageslicht kommt. Ich habe alles seit Beginn schriftlich und genug Fotos alles zu belegen, also wenn sie es soweit kommen lassen wollen ist es uns recht!   Mfg Fa. Beyer

Re: Mietzinsminderung

10.7.2024   Sie können alles aufgehoben haben und das ganze Haus kann für Sie aussagen, dies ändert jedoch nichts an der Rechtslage. Der Mietvertrag ist auf drei Jahre befristet und es liegt allein am Eigentümer, ob er diesen verlängert oder nicht. Punkt.
An ihrer Stelle würde ich mich vorab bei ihrer Rechtschutzversicherung darüber informieren, diese werden Ihnen bestätigen, dass sie, wenn es der Vermieter nicht will, keine Chance haben, dass der Mietvertrag verlängert wird. Egal, wer etwas wann gesagt hat...
Wir als Hausverwaltung versuchen immer zwischen Mieter und Vermieter zu vermitteln, was in diesem Fall sehr schwierig ist.
Wir möchten ihnen einfach nahe legen, dass Sie den Ball etwas flach halten, möchten Sie nach Ablauf der drei Jahre noch als Mieter im Haus bleiben.

Wie gesagt, mit Freundlichkeit und Geduld kommt man meistens weiter anstatt mit Aggressivität.
Dies ist jetzt unsere letzte Antwort zu dieser Thematik. Mails werden von uns auch nur mehr bei dringenden Angelegenheiten beantwortet.
Freundliche Grüße   Das Team des Immobilienservice

Sie drohen uns schon wieder!

10.7.2024   Anscheinend kennen sie sich nicht nur bei Trockenmauern nicht aus, sondern sie kennen auch die Gesetze von Österreich nicht! Denn es ist eine, wie es bei der Unterzeichnung des Mietvertrages war, eine MÜNDLICHE Zusage, und dann noch mit Handschlag in Österreich eine gesetzliche gültige Vereinbarung! Dies wurde ja schon von Marion schriftlich bestätigt, daß Joachim diese Aussage gemacht hat! Also wenn wir keinen Grund für eine Kündigung geben, kann man uns nicht kündigen! Punkt!

Was dringend ist, haben sicher nicht sie zu bestimmen, und wenn sie und Joachim etwas ehrlich und menschlich wären und darüber nachdenken, wie es ihnen ergehen würde, wenn sie DREI Monate lang, jede Nacht drei bis viermal von der Heizung aufgeweckt würden nur weil sie nicht fähig sind Roman Redwell zu senden! Vielleicht sollten sie das mal erleben, um darüber zu urteilen!

Aber für sie und Roman dürfte das ja keine Dringlichkeit haben, so was stimmt uns schon nachdenklich was da mit ihnen los ist?

Gruß Fam. Beyer

Verleumdung!

Schottwien 12.7.2024   Hallo Joachim!

Nachdem mir die Hausverwaltung vorgehalten hat, daß ich angeblich aggressiv bin, was aber eigentlich keinen verwundern dürfte, wenn er drei Monate keine Nacht durchschlafen kann, wenn ihn die Heizung drei bis viermal aufweckt und man fünf Monate hingehalten wird und den Garten nicht voll benützen kann, und so lange wartet bis nun auch das Hochbeet mehr und mehr schaden bekommen hat!
Nun wenn es stimmt, was mir die Hausverwaltung geschrieben hat, nämlich das Du ihr gesagt hast, ich habe zu Dir „Arschloch" gesagt, was aber nicht stimmt, also dann hast du wie immer schon wieder gelogen und hast solche Falschmeldungen an die Hausverwaltung gegeben!
Ich weiß nicht was du (Ihr) damit bezweckt, aber willst du wirklich es so weit treiben, daß ich gegen Dich eine Verleumdungsklage einreiche? Stelle das bitte richtig, denn solche Lügen sind nicht mehr lustig mit falschen Unterstellungen gegen mich!   Erich

Bitte um Info, wann die Mauer fertiggestellt wird?

Schottwien 17.7.2024   Wertes Team und Joachim!

1. Nachdem nun doch eine Trockenmauer aufgestellt wurde, die aber schon im Februar gemacht werden konnte, wo sie uns aber erklärten, daß wegen Frost nicht gearbeitet werden kann, also wir wieder belogen wurden.

2. Daß die zwei Arbeiter am Samstag den 13. Als sie die Mauer aufgestellt haben, von einer Firma waren, wo sie uns auch wieder gesagt haben, sie bekommen keine Firma die diese Arbeit machen kann, also wir wieder angelogen wurden. Denn diese Mauer hätte Hr. Wunsch schon vor Monaten aufstellen können, wenn er grünes „Licht" von ihnen bekommen hätte!

3. Der nächste Teil der Mauer hängt wieder (noch immer) weit vor und es ist nur eine Frage der Zeit, wann sie wieder abbricht?

4. Da nun noch viele Steine herum liegen und in der Wiese noch viele Steine und Erde liegen, wird die Forderung einer Mietzinsminderung noch so lange andauern, bis wir wieder den Garten voll benützen können, denn es ist ersichtlich das auf der einzigen Betonfläche jetzt weder ein Griller noch ein Wäscheständer aufgestellt werden kann. Auch ist an ein Aufstellen der Gartenmöbel vor den Steinen an der Hausmauer ist nicht zu denken wie ja ersichtlich ist.

Bitte um Info, wann nun jemand kommt, der den Garten wieder benutzbar macht, obwohl im Hochbeet, das ja auch beschädigt wurde, noch Handschuhe und ein Hammer liegen, die aber anscheinend nur vergessen wurden.
Ebenfalls sollte mal Roman Redwell kommen und endlich die

Infrarotpaneele reparieren, oder sollen wir bis zur nächsten Heizsaison warten?

Bitte um baldige Info, wann nun der Rest fertiggestellt wird, Mfg Fam. Beyer

P.S.: Ich habe die „Reparaturarbeiten" als Zusatz zur Anzeige an die Baupolizei Fr. Rottensteiner an die Gemeinde als PDF mit Fotos gesendet.

Zusatz für ANZEIGE AN BAUPOLIZEI

Schottwien 17.7.2024

Betrifft: 2641 Schottwien, Haupstraße 38 Nebengebäude 7

TROCKENMAUER ist runter gebrochen

An Amtsleiterin Frau Helena Rottensteiner, Marktgemeinde Schottwien

Hier ein Update, nachdem am Samstag, den 13.7.2024 zwei Arbeiter diese Trockenmauer aufgestellt haben, wir haben bis Mittwoch den

17.7.2024 gewartet ob noch jemand weiter arbeitet, was aber nicht der Fall ist und unserer Meinung nach, diese Mauer eher ein „Pfusch" ist als eine wirkliche gute Reparatur der Mauer ist.

1. Das ist nun wieder eine Trockenmauer geworden, obwohl uns von der Hausverwaltung gesagt wurde, es kann im Februar nicht repariert werden, weil da noch Frostgefahr ist!

2. Weiteres wurde uns von der Hausverwaltung gesagt, sie können nicht reparieren, weil sie keine Firma finden, die diese Arbeit macht. Nun ich glaube nicht, daß die zwei Arbeiter nun so eine fachliche Firma waren, denn der anhängende weitere Teil der Mauer hängt sehr stark über, und nach meiner Meinung ist es nur eine Frage der Zeit bis der nächste Teil der Mauer abbricht.

3. Es liegen nun noch immer eine Menge Steine im Garten, was eine vollwertige Benutzung des Gartens noch immer nicht möglich macht, und wir können uns nicht vorstellen, daß eine Firma eine Baustelle so zurückläßt!

177

Re: Bitte um Info wann die Mauer fertiggestellt wird?

Sehr geehrter Herr Beyer,   18.7.2024

betreffend den Garten möchten wir festhalten wie im MV Punkt 7
vereinbart:

Der Garten ist vom Mieter in gepflegtem Zustand zu halten. Zugänge zur Wohnung, die nicht die allgemeinen Teile des Hauses betreffen (Stiegen) sind vom Mieter selbst zu betreuen bzw. von Eis und Schnee frei zu halten. Der Vermieter ist hier Schad- und Klaglos zu halten.

Sie sind Ihrer Verpflichtung den Garten zu pflegen nicht nachgekommen.

Die beschädigte Mauer wurde ausgebessert, weitere Maßnahmen sind nicht notwendig.

Der Firma Redwell weiß Bescheid und wird sich bei Ihnen melden.

Mit freundlichen Grüßen   Carina Scherz

Re: Bitte um Info, wann die Mauer fertiggestellt wird?

Das kann sich nur um einen Scherz handeln, was sie hier wieder behaupten, was sollen diese Unterstellungen? Die Steine, die jetzt herum liegen sind von der gefallenen Mauer übriggeblieben und sicher nicht durch unsere Schuld dort! Wir haben den Garten mehr als gepflegt, und kämpfen seit einem Jahr die Brombeeren auf der oberen Terrasse zu eliminieren, für das wir sogar Nikolai bezahlt haben, nur wuchern sie noch immer. Wir mähen regelmäßig den Rasen und lassen nur ein paar Stücke etwas höher für die Bienen und Schmetterlinge, also wieso unterstellen sie uns solche Sachen? Legen sie es wirklich auf eine

Klage an? Da ich natürlich vom Rasenmähen und Pflege hunderte Fotos haben, kann man die schon wieder von ihnen gelogene Aussage belegen! Lassen sie die Steine wegräumen, sonst beauftragen wir eine Firma und Klagen die Kosten beim Vermieter ein! Mfg Fam. Beyer

14 Tage nicht gemäht!

Schottwien 18.7.2024   Werte Fr. Scherz!
Das Einzige mal, wo wir nicht gemäht hatten, war 14 Tage ab dem 24. Juni wo ich eine Augen OP hatte und somit für 14 Tage keine Gartenarbeit verrichten durfte, aber dann so schnell als möglich nachgeholt wurde. Nicht nur das wir einen Handlauf unten und einen Handlauf nach der oberen Terrasse gemacht haben und Unmengen von Holzstücken weggeräumt und geschnitten haben und sogar soweit es in unserer Macht stand, Stufen nach oben gemacht haben. Also ihre Unterstellung, wir haben den Garten nicht gepflegt, mehr als haltlos sind und wir das sicher nicht darauf beruhen lassen, auch wenn sie versuchen uns aus dem Haus zu vergraulen. Anbei Foto vom 10 Juli, wo wir schon wieder den Rasen gemäht haben obwohl er noch immer sehr Naß vom Regen war und am Wochenende wir ja nicht mähen dürfen! Fam. Beyer

schwere Steine liegen noch herum!

Schottwien 21.7.2024
Nochmalige Anfrage wegen Garten freilegen?

Wann werden nun die restlichen Steine, die von der Mauer übriggeblieben sind und wir noch immer den Garten nicht voll benützen können, weggeräumt? Da die Steine teilweise sehr schwer sind, kann sie weder meine Frau noch ich irgendwo hinschaffen, und es fragt sich schon. Welche „Firma" verläßt die Baustelle so, läßt Steine und Erde in der Wiese zurück? Durch die Erde in der Wiese kann ich dort weder mit Motorsense noch Rasenmäher was ausrichten! Auf der unteren Terrasse habe ich mal selber gesichert, weil ja dort schon voriges Jahr viele Steine Sachverständige von der Baupolizei ja noch kommen wird, bin ich schon neugierig, was er dazu sagt. Ich habe oben auf der Terrasse auch abgesperrt, damit man nicht zu weit nach hinten geht, falls da auch eventuell von oben was abbricht.

Also würden wir gerne ersuchen, daß die Steine im Garten weggeräumt werden. Ich hoffe es stört nicht, wenn ich erst etwas später den Rasen mähe, aber leider nächste Woche wieder in Wien zwei Spitalstermine, aber wie der Garten jetzt mit dem Steinen aussieht, ist er sicher nicht ungepflegter wie er jetzt mit teilweise hoher Blumenwiese für Bienen und Schmetterlinge! Mfg Fam. Beyer

P.S.: Am Wochenende machen wir keinen Lärm mit Rasenmäher! Wir wollen sicher keinen Ärger und andere Mieter stören!

Info zur Schimmelsituation!

Schottwien 21.7.2024   Nur zur Kenntnisnahme!

Obwohl wir natürlich speziell jetzt im Sommer sicher genügend lüften
und sogar Fenster über Nacht offenlassen, und auch immer wieder den
Schimmel mit Spray bekämpfen, mußten wir feststellen, leider sogar in
der Kommode und Kasten ist der Schimmel gewachsen, und wie neben
Ofen und hinter Regal wo wir jeden Monat mit Schimmelspray arbeiten,
kommt er immer wieder. Dort ist ja die Wand, wo uns Joachim gesagt
hat, ein „Facharbeiter" hat gesagt, daß diese Dicke Außenwand keine
Feuchtigkeit durchläßt, obwohl sie unverputzt und ohne Isolation in der
Erde ist! Dieser „Facharbeiter" dürfte allerdings eher ein Zuckerbäcker
gewesen sein! 🙁

Nun wie uns Joachim in einem E-Mail geschrieben hat, er hat am Anfang neu ausgemalt, nur in keinster Weise irgendwas gemacht um den Schimmel zu bekämpfen, mit Antischimmelfarbe zu streichen nützt leider nichts! Wir haben sogar relativ oft den Luftentfeuchter laufen, der am Tag an die 10 Liter Wasser aufnimmt, aber auch das nützt nichts, aber wir kämpfen weiter, denn sonst müßte der Hausmeister alle zwei Wochen bei uns sein und den Schimmel beseitigen! Aber wir wissen es ist ein altes Haus, in das wir uns verliebt haben und deshalb nehmen wir das sogar in Kauf und bekämpfen weiter den Schimmel selbst.

Wir wollten das nur noch sagen, alles mit Fotos mit über 90 Emails zwischen unserer Korrespondenz wird dann in meinem neuen Buch über unsere Mietsituation wo sie uns vergraulen wollen und über alles die Schuld geben, nachzulesen sein, was ich in Bälde auflegen werde. (Es wird nun mein 26igstes Buch sein) Ich möchte nur im Abschluß noch abwarten, ob die Sache mit Mietzinsminderung geklärt wird und was bei Baupolizei rauskommt. Die Höhe sollte ja ihr Sachverständiger von ihrer Versicherung teilweise entscheiden können, wenn ich dem Mieterschutz glauben darf, wo sie sich aber noch nicht dazu geäußert haben, obwohl es ja nun bald SECHS Monate sind, wo wir den Garten nicht voll nützen können und drei Monate nicht durchschlafen konnten, weil die Paneele gelärmt haben. Mfg Fam. Beyer

P.S.: Aber bitte nicht auf die Infrarotpaneele vergessen, der nächste Winter kommt bestimmt!

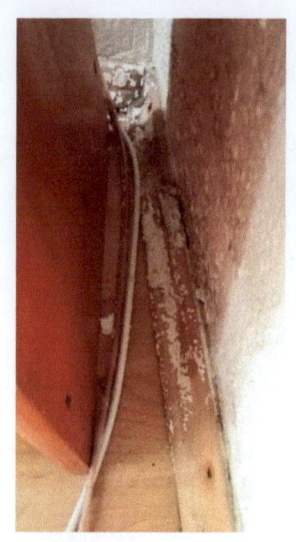 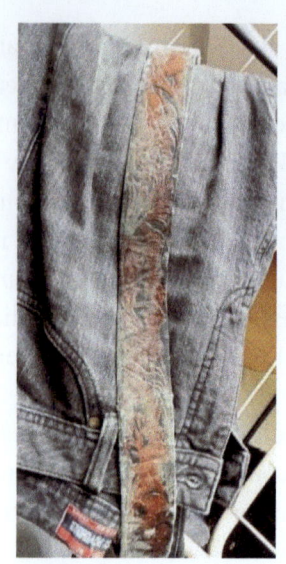

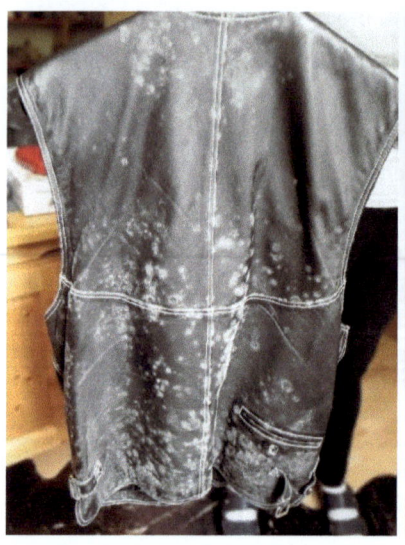 

185

Pfuscherfirma fragliche Reparatur

Schottwien 21.7.2024

Wir haben versucht herauszufinden wieso auf einmal so viele Ziegel herumliegen und sind der Sache auf den Grund gegangen. Jedenfalls hat die „Firma" unseren vorherigen Weg zur Betonplatte mit Ziegeln, bei dieser „Instandsetzung" der Mauer unseren Weg zerstört und nicht mehr instandgesetzt! Welche „Firma" außer einer die nur Pfuscht macht so was? (siehe Fotos vorher und jetzt)
Auch haben wir die Mauer nochmals genau angesehen und festgestellt, daß am Foto sichtbar, dieser große Stein schon jetzt über 10 cm überhängt und nicht mal innen angelegt wurde, sondern dort jetzt schon ein Loch ist, also in Kürze dort die Mauer wieder fallen wird. Aber sicher meint ihr Sachverständiger, es ist KEINE Gefahr im Verzug!

Nun ich hoffe doch, daß sie nun nicht wieder uns die Schuld geben, weil wir diesen Pfusch und Mängel aufzeigen, die ein wirkliche „Firma" sicher nie machen würde, denn sie würden dafür haftbar sein! Wir fragen uns schon, wen sie da immer beauftragen, obwohl es ja von der Versicherung bezahlt werden müßte?
Warum aber wir solche Sachen überhaupt erst melden müssen und nicht von einer Firma ordentlich gemacht wird, ist schon sehr fragwürdig! Oder wollen sie uns auf solche Weise schikanieren? Mfg Fam. Beyer

Am 23.07.2024 um 11:59 schrieb Immobilienservice Hofer:

Sehr geehrter Herr Beyer,

wir kümmern uns darum.

Mit freundlichen Grüßen
Carina Scherz

Schottwien 23.7.2024

Danke, Roman hat heute angerufen, will Montag noch mal anrufen und für nächste Woche Termin für Infrarotpaneele machen, hoffen wir das Beste, Mfg Erich Beyer

Wann kümmert sich wer?

Schottwien 30.7.2024   Werte Fr. Scherz!

Sie haben am 23. Juli geschrieben, sie kümmern sich darum! Nur leider
nicht gesagt um was sie sich kümmern? Gestern hat Roman wieder
angerufen und versprochen bald wegen der Infrarotpaneele zu kommen!
Nur leider liegen die Steine noch immer im Garten sowie die Steine bei
der Mauer immer noch weit vor schauend! Da die „Firma", was ich
nicht verstehe warum gerade ein Gärtner eine Mauer aufstellt, die
kleineren Steine weit in unserer Wiese verteilt hat was meinem
Rasenmäher nicht gefällt und meine Schneideblätter ruiniert! ☹ Wann
wird der Weg mit den Ziegeln wieder so gemacht, wie er war, bevor er
von der „Firma" zerstört wurde, und wann werden die Steine
weggeräumt?

Da ja sicher nicht sie es waren, die sich über angeblichen ungepflegten
Garten aufgeregt hat, denn laut meinen Bilddokumenten schaut es so
aus, wie wenn sich Joachim beim „Gärtner" über unsere Blumenwiese
mit hohem Gras aufregt, was er anscheinend nicht versteht, daß die
Gartengestaltung gefälligst uns überlassen bleibt, und wir für Bienen
und Schmetterlinge diese „Inseln" stehenlassen, weil wir nicht
unbedingt kitschige Statuen im Garten aufstellen wollen.

Also bitte die Sache in Ordnung bringen, denn nun sind es bereits sechs
Monate, wo wir unseren Garten nicht voll benutzen konnten noch etwas
im Hochbeet anpflanzen konnten, noch Gartenmöbel und Sonnenschirm
für eine Benutzung möglich war. Also die Forderung für eine
Mietzinsminderung bereits sechs Monate ist, möchte ich nur anmerken.

Mfg Fam. Beyer

Wie lange müssen wir noch warten? 2.8.2024

Hallo Fr. Scherz und Joachim!
Bitte wann kommt die „Firma" um den Zustand vom Weg mit Ziegeln ausgelegt zur Betonplatte wieder her zu stellen und die Steine weg zu räumen. Das Vorgehen von Euch wird eher sehr lästig und wir wollen nicht um unsere Rechte betteln müssen! Mfg Fa. Beyer

Re: Wie lange müssen wir noch warten? 6.8.2024

Sehr geehrter Herr Beyer,
Herr Gerdenitsch kommt am 30. Oder 31.08. wieder zu Ihnen. Bitte mit ihm dann selbst ausmachen was angeblich nicht gepaßt hat.
Freundliche Grüße Anika Schreiner

Re: Wie lange müssen wir noch warten? 6.8.2024

Wenn es eine Firma wäre, hätten sie den Ziegelweg nicht zerstört, wie ich es ja auf den Fotos angezeigt habe, und vor allem, was sollen die

Steine, die noch herum liegen? Die weitere vorhängende Wand habe ich ihm schon bei letzten Mal gezeigt und gesagt, aber er hat es wie man sieht ignoriert, mfg Familie Beyer

Ende August weiter Arbeit an Mauer!

Schottwien 9.6.2024
Wertes Team und Joachim!
Da ja nun angeblich der Gärtner am 30. Oder 31. August kommen soll um die verpfuschte Arbeit zu reparieren, würden wir nun gerne anmerken, da wir ja vielleicht nicht anwesend sind weil wir mit WOMO unterwegs sind, daß eventuell dieser „Firma" gesagt werden soll was zu tun ist. Wir hängen aber noch Fotos an die Türe, die ich hier auch angehängt habe, was zu tun ist!

Wie deutlich zu sehen ist, war beim ursprünglichen Fall der Mauer der Ziegelweg noch nicht zerstört, sondern wurde, warum auch immer, erst von dieser „Firma" komplett aufgerissen und den würden wir gerne wieder so haben wie er vorher war. Ebenfalls sollten die Steine weggeräumt werden und den weit vor hängenden Teil der Mauer sollte stabilisiert werden und nicht gewartet werden bis dieser auch wieder fällt, was sicher passieren wird, denn die Steine stehen weit raus wie zu sehen ist! Wie schon erwähnt, es ist unverständlich wie eine „Firma" so arbeiten kann?
Jedenfalls sind es nun sechs Monate wo wir unseren Garten nicht voll benutzen können noch unsere Möbel oder einen Griller aufstellen weil dieses Steine noch immer umher liegen und von dieser „Firma" viele kleinere Steine in den Rasen geschmissen wurde wo es Probleme mit Rasenmäher gibt weil die Schneideblätter die Steine sicher nicht wollen. Also werden wir nun sechs Monate bei der Mietzinsminderung einfordern.

Falls wir da sind werde ich den Arbeiter sagen was sie tun sollen, sonst hängen die Foto Ausdrucke an der Eingangstür, wo sie man sie gut sehen kann! Vielleicht kann man uns erklären, warum man eigentlich völlig sinnlos, den Ziegelweg aufgerissen und zerstört hat?

Ebenfalls warten wir nun schon wieder seit 14 Tagen auf Roman der vor 10 Tagen kurz angerufen hat und versprochen hat sich wieder zu rühren und bald zu kommen um die Infrarotpaneele zu reparieren. Er hat sich seither auch wieder nicht gerührt, es ist hoffentlich verständlich, daß wir über solche Firmen nicht gerade begeistert sind! Mfg Fam. Beyer

Mauer soweit mal fertig!

Schottwien 31.8.2024   Wertes Team und Joachim!

Gestern war Boris mit einem Arbeiter bei uns und hat einen Teil den am meisten vor hängenden Teil der Mauer neu aufgerichtet und wir hoffen er hält nun ein paar Jahre. (siehe Fotos) Um Joachim Geld zu sparen, obwohl der Schaden ja von der Versicherung getragen werden sollte, habe ich Boris gesagt er braucht die restlichen Steine nicht wegzuführen, sondern kann sie auf der Rückseite mal ablegen und aufschichten, was sie auch gemacht haben.
Wir haben nun den wieder aufgelegten Ziegelweg gereinigt und auch versucht wieder Rasensamen auf der unteren Terrasse zu säen, wann wieder Rasen kommt, wird die Zukunft zeigen. Um nun endlich auch wieder unsere Gartenmöbel und Sonnenschirm aufstellen zu können. Für Tomaten oder ähnliches im Hochbeet zu pflanzen, wurde es ja schon zu spät.
Trotzdem würde es bald Zeit, daß nun endlich mal Roman der Elektriker kommt, um die Infrarotpaneele endlich wieder zu montieren, damit wir nicht wieder eine schlaflose Heizsaison vor uns haben. Zur Erinnerung: Er verspricht ja jetzt auch seit sieben Monaten zu kommen!!!
Als Anmerkung nochmals die Forderung unserer Mietzinsverminderung. Nachdem wir nun erst nach 7 (sieben) Monaten unseren Garten wieder voll benutzen können und mehr als DREI Monate nicht durchschlafen konnten, erwarten wir einen Vorschlag den eigentlich der Sachverständiger der Versicherung ausrechnen sollte, wieviel an Miete wir zurückbekommen! Denn schlaflose Nächte kommen einer Folter gleich, uns sind für eine Krebskranke Frau und auch keinen normalen Menschen zumutbar, ohne einen gesundheitlichen Schaden zu nehmen!
Sollten sie dem nicht nachkommen, weil ja Joachim keine Anstalten gemacht hat einer Verlängerung des Mietvertrages zu zustimmen,

müßten wir, obwohl wir ja eine außergerichtliche Einigung vorziehen würden, die Angelegenheit einem Rechtsanwalt übergeben und per Gericht die Minderung der Miete feststellen lassen, wo dann die Kosten natürlich auch von Joachim getragen werden müssen, was wir ihm aber ersparen wollten.

Also bitte uns so bald als möglich den Elektriker zu senden, und eine Entscheidung wegen Mietzinsnachlass! Mfg Fam. Beyer

P.S.: Es wäre vielleicht auch gut den Mietern von „Booking.Com" zu sagen, sie sollen nicht in Plastik verpackte Lebensmittel in die grünen Tonnen zu werfen, wie noch original eingeschweißten Käse! Usw. 😟

Bitte um Bestätigung vom letzten E-Mail!

Schottwien 5.9.2024   Wertes Team und Joachim!

Bitte um Bestätigung, daß sie das letzte E-Mail wegen
Mietzinsminderungsvorschlag erhalten haben, oder soll ich da jetzt doch
einklagen, weil wir keine Einigung erzielen konnten?
Dann warte ich noch immer auf Elektriker wegen der Infrarotpaneele!
Wie lange müssen wir noch auf eine Reparatur warten? Mfg Fam.
Beyer

Re: Bitte um Bestätigung vom letzten Email!

Sehr geehrter Herr Beyer,   5.9.2024
wir haben das Mail erhalten, Sie bekommen in den nächsten Wochen
einen Rechstanwaltsbrief diesbezüglich.
Der Elektriker hat sich schon einen Termin ausgemacht, nur leider

waren Sie bei dem Termin wieder mal verhindert. Der Elektriker hat auch andere Kunden und kann sich nicht immer danach richten wenn Sie die Termine nicht einhalten können. Freundliche Grüße Das Team vom Immobilienservice

Re: Bitte um Bestätigung vom letzten Email!

Wertes Team! 5.9.2024

Was soll das schon wieder bedeuten, wegen Termin von Elektriker? Mit wem hat er sich einen Termin ausgemacht? Sicher nicht mit uns, er hat meine Telefonnummer und hat sicher nicht angerufen! Wird hier nur mehr gelogen? Wir sind ja nicht immer zu Hause und warten, ob ein Elektriker kommt, speziell wenn wir mit WOMO unterwegs sind! Also wieso halten sie uns schon wieder vor, daß wir angeblich Termine nicht einhalten? Was behaupten sie da dauernd? Ist ihnen eigentlich bewußt was sie da schreiben und behaupten?

NOCHMALS: Es hat sich niemand mit uns einen Termin ausgemacht, wenn das jemand behauptet, dann ist es WIEDER eine Lüge!

Mfg Fa. Beyer

Termin von Elektriker

Schottwien 7.9.2024 Wertes Team und Joachim!

Heute hat der Termin, den wir uns am Donnerstag ausgemacht haben mit Roman Elektriker geklappt und er kam wie ausgemacht nach 0900 mit einem Kollegen, um die Infrarotpaneele zu reparieren!

Nun sie hatten wieder dasselbe gemacht wie letztes Mal und haben die Schrauben mit einem Isolierband umwickelt und hatte meine Zweifel, ob es diesmal was nützen wird. Nun nachdem sie wieder gegangen waren, nach ca. 30 Minuten für Beide Paneele habe ich im Schlafzimmer die Heizung wieder abgedreht und wie ich mir dachte, daß „Tok Tok" kam beim Auskühlen wieder!!!

Ich habe sofort Roman nochmals angerufen und ihm gesagt, es „klopft" wieder, er konnte es sich gar nicht vorstellen und meinte ich soll nun eine paarmal volle Kraft aufdrehen und abschalten um die Heizung zu belasten und testen, jetzt habe ich nur kurz mal wieder eingeschaltet und eine Ton Probe angehängt, natürlich nur kurz weil es ja jetzt noch heiß ist und wir nicht unnötig die Heizung laufenlassen wollen!

Roman meinte, wenn es nicht aufhört, sollen wir uns wieder rühren! Nun nächste Woche soll es ja kälter werden, also wenn wir nicht mit WOMO unterwegs sind, werden wir Heizung testen können, nur glaube ich nicht daran, daß es sich von selber legen wird! ☹

Wir haben ja gesagt, daß wir den Schimmel selbst bekämpfen wollen, was wir ja auch laufend tun, nur leider kam der Schimmel selbst jetzt im Sommer hinter dem Ofen auch immer wieder und stärker, und wenn man drauf klopft, dann hört sich der Verputz eher hohl an, also wird er hoffentlich nicht so bald abfallen!

Jedenfalls bestärkt sich da die Tatsache, daß durch die nicht verputzte Außenwand die Feuchtigkeit weiter eindringt, und eben die angebliche Aussage von Joachims Fachmann nur gelogen und falsch sein konnte, daß durch solch dicke Wände keine Feuchtigkeit durchgeht, wenn selbst jetzt im Sommer wo sicher mehr als genug gelüftet wird, der Schimmel so stark kommt!

Leider beweist es auch, daß wir bei der Unterzeichnung des

Mietvertrages belogen wurden, denn es wurde sicher vor der Vermietung nichts gegen den Schimmelbefall unternommen, außer drüber gestrichen, was aber auch mit einer Schimmelfarbe nichts nützt, wie man sieht!

Also sollte man diese Tatsache auch bei einer Mietzinsminderung berücksichtigen, oder sollen wir diese Sachen auch anzeigen? Es gibt ja für NÖ eine eigene Behörde für eine Schimmelbekämpfung und Aufklärung, und ich glaube nicht, daß es hier eine Rechnung einer Firma gibt, die vor der Übergabe an uns, eine professionelle Schimmelbekämpfung im Haus gemacht hat!

Aber da uns hier in keinster Weise ein Entgegenkommen gebracht wurde, können wir leider nur diesen Weg wählen, denn „genug ist genug" und wir haben immer sehr viel Geduld gezeigt, was ich in meinem neuen Buch über diese Hausvermietung bereits in 133 Seiten mit Fotos belegt habe! Allerdings warte ich mit einer Auflage, bis wir die Schreiben vom Rechtsanwalt und hoffentlich einer Lösung zusammengebracht haben!

Mfg Fam. Beyer

P.S.: Was uns Joachim über die letzte Mieterin bzgl. Der schimmeligen Schuhe erzählt hat, die sie angeblich im Keller gelagert hatte, könnte aber durchaus auch im Haus oben in einem Kasten passieren, wie es sich gezeigt hatte und von mir dokumentiert wurde.

Bitte um Bestätigung!

Unterwegs in Steiermark 11.9.2024 Wertes Team und Joachim!

Nachdem ich ja von Joachim nie eine Lesebestätigung bekomme, aber doch erwarte ich mir eine von der Hausverwaltung, denn ich brauche sie für das Protokoll und etwaigen Gerichtsverhandlungen und mein Buch, wo ich ja alles belegen muß. Also bitte um eine Bestätigung auch für das letzte Email!

Anbei wieder ein Tondokument vom Schlafzimmer was zeigt, das sich nichts geändert hat, es lärmt nach wie vor und man kann nicht schlafen. Im Wohnzimmer nur mal kurz getestet und da dürfte es nicht mehr gekommen sein, nur sicher ist das nicht, aber da es nächste Tage kalt werden soll und wir wieder zurück sind, hoffen wir das es wenigstens dort nicht mehr laut wird! Mfg Fam. Beyer

Begutachtung Wohnung betrifft Schimmel, Hauptstraße 38/7, 2641 Schottwien

Sehr geehrter Herr Beyer,   12.9.2024

gerne möchten wir uns betreffend des Schimmels von einem Sachverständigen, Herr Ing. Murawatz, eine Meinung einholen.

Wir bitten Sie daher uns 3 Terminvorschläge zu machen, damit Herr Ing. Murawatz die Angelegenheit begutachten kann.

Vielen Dank. Mit freundlichen Grüßen   Carina Scherz

Re: Begutachtung Wohnung betrifft Schimmel, Hauptstraße 38/7, 2641 Schottwien   Schottwien 13.9.2024

Sehr geehrte Fr. Scherz!

Danke für die Info, und obwohl wir gerade gestern wieder mit Schimmelspray und Schimmelfarbe ausgebessert haben, (siehe Foto) wird der Ing. Murawatz wenn er ein Fachmann ist, die Situation auch trotzdem erkennen. Wir sind, außer eventuell kurzem Einkaufen, heute und Montag zu Hause! Auch am Dienstag ist es möglich, wenn wir genauen Termin wissen, nur müssen wir unser WOMO abholen, da wir Mittwoch nach Italien fahren, nur können wir uns das einteilen und somit WOMO Vormittags oder Nachmittags holen.

Also bitte um Info falls ein Termin klappt, Hochachtungsvoll Erich Beyer

P.S.: Wir behandeln immer mit Schimmelspray und dann nach abwischen und trocknen, mit Antischimmelfarbe, was wir schon etliche Male gemacht haben, aber Schimmel weiterkommt!

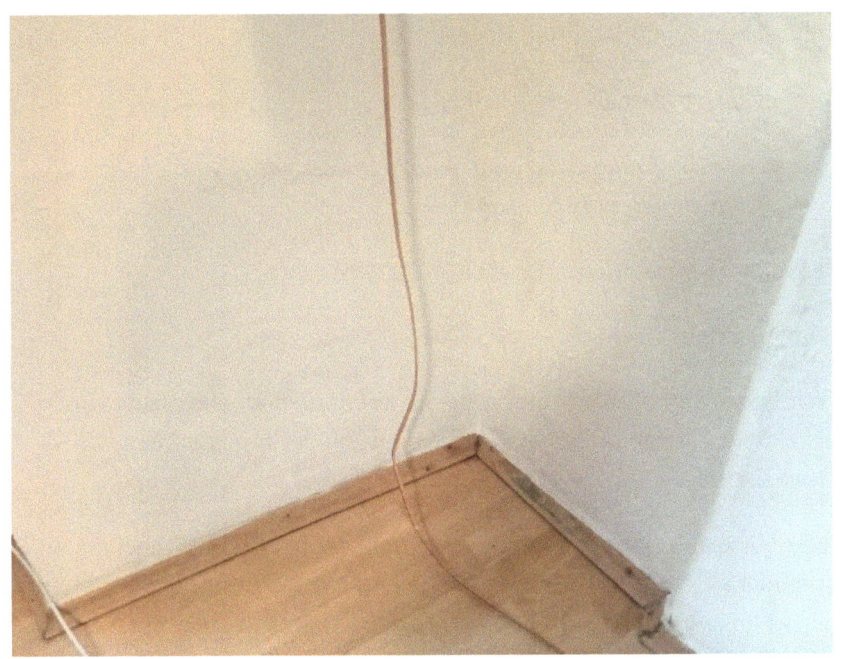

Re: Begutachtung Wohnung betrifft Schimmel, Hauptstraße 38/7, 2641 Schottwien

Sehr geehrter Herr Beyer,   16.9.,2024

aufgrund der Wettersituation kann Herr Ing. Murawatz nächste Woche einen Termin wahrnehmen. Wie lange sind Sie in Italien?

Mit freundlichen Grüßen   Carina Scherz

Sehr geehrte Fr. Scherz!   16.9. 2024

Voraussichtlich sind wir am 25. Aber spätestens am 26. Wieder zurück, da meine Frau am 27. September am Ohr operiert wird und in Wiener Neustadt sein muß! Es ist aber nur ambulant und somit am selben Tag wieder zu Hause!

Hochachtungsvoll Ihr Erich Beyer

Sehr geehrter Herr Beyer,   16.9.2024

bitte geben Sie 2 oder 3 Terminvorschläge bekannt, damit ich dem Baumeister Bescheid geben kann.

Danke. Mit freundlichen Grüßen   Carina Scherz

Sehr geehrte Fr. Scherz!   16.9.2024

Wir haben am. 30. September und Erste Oktober Woche nichts vor, also können wir uns Termin einrichten, wann der Ing. kommen will! Gruß Erich Beyer

P.S.: Habe auch bereits Roman angerufen, der ja angeblich nochmals kommen will, obwohl er nicht versteht warum das Infrarotpaneel klopft, nur wenn er es nicht weiß, wer soll es dann wissen? Übrigens ist auch Steuergerät für das Paneel in der Küche auch kaputt, das Thermometer zeigt immer über 30° an und somit können wir die Heizung in der Küche auch nicht einschalten! Auch da meinte Roma, daß es sowas nicht gibt, aber die anderen zwei Steuergeräte zeigen die Temperatur normal an, nur nicht mehr das in der Küche, obwohl ich auch schon neue Batterien gegeben habe, hat aber nichts genützt!

P.P.S.: Wie schön wäre da eine Heizung, die man mit einem Schalter normal einschalten kann und nicht mit einem komplizierten Steuergerät angesteuert wird, was man eigentlich nicht braucht und wo man ein Programmierer sein muß um es zu verstehen!

haberler hajos _ rechtsanwälte

verteidiger in strafsachen
eingetragene treuhänder
selbständige rechtsanwälte in kooperation

mag christian hajos
mag klaus haberler

msc – bauteil 1
schwarzottstraße 2a
2620 neunkirchen
tel: 026 35 / 6 16 17
fax: 026 35 / 6 16 17 18
mail: office@msc-recht.at
net: www.msc-recht.at

EINSCHREIBEN
Gabriela Beyer-Albrecht
Erich Beyer
Hauptstraße 38/Top Nr. 7
2641 Schottwien

Neunkirchen, am 16.09.2024
EgreJo/BeyeEr / TT / SSB

Mietverhältnis mit Joachim Egresits

Sehr geehrte Frau Beyer-Albrecht!
Sehr geehrter Herr Beyer!

Zunächst bitte ich um Kenntnisnahme, dass ich Herrn Joachim Egresits rechtsfreundlich vertrete. Auf die mir erteilte Vollmacht darf ich verweisen.

Am 27.03.2023 wurde von Ihnen mit meinem Mandanten ein gültiger Mietvertrag abgeschlossen, wo die jeweiligen Rechte und Pflichten definiert wurden. Abänderungen dieses Vertrages oder zusätzliche Vereinbarungen bedürfen zu Ihrer Gültigkeit der Schriftform. Bei Mietvertragsabschluss war Ihnen der Zustand des Bestandobjektes durch eingehende Besichtigung hinlänglich bekannt. Es handelt sich um ein altes Gebäude, das mit heutigen Bauwerken nicht verglichen werden kann. Der vereinbarte Mietzins ist aufgrund der Größe, der Art, der Lage, der Beschaffenheit sowie aufgrund des Ausstattungs- und Erhaltungszustandes jedenfalls angemessen und ortsüblich.

Mein Mandant bzw. die von ihm beauftragte Hausverwaltung Immobilienservice Michaela Hofer übergaben mir Ihre zahlreichen E-Mails mit Bemängelungen und Forderungen im Hinblick auf Verbesserungen des Bestandobjektes. Festgehalten wird, dass mein Mandant seinen vertraglichen Verpflichtungen stets nachgekommen ist und das Mietobjekt ohne Beeinträchtigung benützt werden konnte bzw. kann. Ihr Verlangen nach Mietzinsminderung ist daher nicht berechtigt. Selbstverständlich bleibt es Ihnen aber unbenommen, das Mietverhältnis zu beenden. Mein Mandant ist auch zu einer einvernehmlichen Auflösung des Bestandverhältnisses bereit.

Namens meines Mandanten fordere ich Sie auf, in Zukunft Ihre E-Mails auf das unbedingt erforderliche Ausmaß zu beschränken. Weder wird mein Mandant noch die Hausverwaltung in Zukunft auf unrichtige Behauptungen und nicht gerechtfertigte Forderungen reagieren. Der diesbezügliche Arbeitsaufwand ist nicht mehr zumutbar. Mein Mandant wird seinen vertraglichen Verpflichtungen weiterhin nachkommen, ist aber nicht mehr bereit, sich permanent mit Ihren zu Unrecht erhobenen Forderungen auseinanderzusetzen. Er erwartet von Ihnen zukünftig auch einen höflichen und sachlichen Umgangston.

Mit freundlichen Grüßen

Mag. Klaus Haberler

Brief an Rechtsanwalt:

Betrifft: Ihr Schreiben vom 16.9.2024   Egrejo/BeyerEr/TT/5SB
Schottwien 26.9.2024

Wertes Team!

Ich möchte gleich zum Beginn festhalten, laut Mieterschutz, ist ihre Kanzlei weder Fähig, noch berechtigt über eine Mietzinsminderung zu entscheiden. Also wieso nehmen sie sich heraus, zu entscheiden, ob eine Mietzinsminderung berechtigt ist oder nicht?

Wenn sie schon diesen Fall bearbeiten, dann sollten sie sich im Vorfeld mal mit der Sachlage vertraut machen, was hier eindeutig nicht der Fall ist, sonst würden sie hier nicht diverse Aussagen von Hr. Egresits und Hausverwaltung weitergeben, die Eindeutig der Unwahrheit entsprechen und nicht umgekehrt von unserer Seite!

Ich habe ja schon ein Buch über diese Situation begonnen, wo ich natürlich auch den Schriftverkehr mit ihrer Kanzlei einbinden werde. Wir haben sicher nicht unnötige Emails gesendet und immer nur dann, wenn was zu beanstanden war worauf wir dann so wie von Ihnen, den Vorschlag bekamen das Mietverhältnis kündigen können!

Zu diesem Punkt möchten wir klarstellen, wir haben den Mietvertrag nur unterschrieben, als uns von Hr. Egresits zugesagt wurde, es wäre eine Verlängerung kein Problem, diese Aussage wurde uns bereits von Marion Brunner die da anwesend war, schriftlich bestätigt! Da ich bereits 74 Jahre alt bin und meine Frau 61 Jahre und Krebskrank ist, wir also sicher nicht Vorhaben zu kündigen und eine Prozedur erneuten Umzug durchmachen zu wollen, was meiner Frau sicher gesundheitlich nicht guttun würde!

Zu Ihrer Aussage, wir wußten auf was wir uns da einlassen, und wir haben das Objekt besichtigt! Es wurde uns von Hr. Egresits gesagt, er hat den Schimmel bekämpfen lassen, was aber sicher nicht stimmte, sondern nur neu ausgemalt wurde und der Schimmel nicht bekämpft, sondern nur übermalt! Leider war es auch nicht möglich die Rückseite des Hauses zu besichtigen, weil beide Terrassen dicht mit Brombeerstauden zugewachsen waren, und somit keine Einsicht möglich war. Erst später sahen wir die komplett unverputzte Rückseite des Hauses und das große Loch zum Dachboden, von dem Hr. Egresits angeblich nichts wußte und keine Ahnung hatte!

Aber wie wir schon sagten, wir haben den Schimmel selber bekämpft nur wollen wir bzgl. Der Trockenmauer nicht Monate lang belogen werden, und deshalb haben wir die Anzeige bei der Baupolizei gemacht, sonst wäre die Mauer wahrscheinlich noch immer nicht aufgestellt, was aber eindeutig eine volle Benutzung des Gartens nicht zuließ! Ich habe ihnen die Anzeige bei der Baupolizei angehängt, damit die Situation auch Ihnen bekannt wird!

Und wenn sie es als normal bezeichnen, daß man wie bei einer chinesischen Folter Monate lang, jede Nacht drei bis viermal von der Heizung geweckt wird, und das gesundheitsförderlich ist, dann bezweifle ich an ihrem Urteilsvermögen. Wobei die Heizung bis Dato noch immer nicht repariert ist, und immer noch laute „tok,tok" Geräusche von sich gibt!

Da nun anscheinend ein Sachverständiger die Mietzinsminderung beurteilen muß, die dann von einem Gericht beurteilt wird, werden wir die Kosten für Gericht, Sachverständigen und Rechtsanwalt Hr. Egresits anlasten, denn unsere Versuche eine einvernehmliche Lösung zu finden, sind ja fehlgeschlagen!

Nur wenn uns gesagt wird man will unsere langen Emails nicht lesen, die aber berechtigt waren, und nur gesagt wird wir können ja kündigen, wenn es uns nicht paßt, dann sehen wir uns als Mieter sicher nicht gut behandelt.

Das alles natürlich schriftlich, mit Bilddokumenten und Tonaufzeichnungen zu belegen ist, dürfte ja klar sein. Noch dazu war ich weder zu den Damen der Hausverwaltung unhöflich, und wir sind allen vertraglichen Verpflichtungen nachgekommen, obwohl wir in vielen Dingen belogen wurden, was ja zu beweisen ist, siehe Trockenmauer usw.

Mit freundlichen Grüßen Erich Beyer und Gabriela Beyer-Albrecht

Bitte Schreiben vom 26.9.2024 bestätigen!

Schottwien 30.9.2024
Wertes Team!
Bitte um Bestätigung das sie unser Schreiben vom 26.9.2024 erhalten haben, wenn sie schon eine Lesebestätigungsanforderung ignorieren. Oder müssen wir den Brief nochmals eingeschrieben schicken? Mfg Fam. Beyer

Von: **haberler hajos_rechtsanwälte** <office@msc-recht.at>
Date: Di., 1. Okt. 2024 um 15:41 Uhr
Subject: AW: Bitte Schreiben vom 26.9.2024 bestätigen!
To: Erich Beyer <beyer.erich@gmail.com>

Sehr geehrter Herr Beyer!
Hiermit bestätige ich, dass ich Ihre E-Mail vom 26.09.2024 erhalten habe.
Mit freundlichen Grüßen   mag klaus haberler

haberler hajos _ rechtsanwälte
msc – bauteil 1
schwarzottstraße 2a
a-2620 neunkirchen
tel: 026 35 / 6 16 17
fax: 026 35 / 6 16 17 18
mail: office@msc-recht.at
net: www.msc-recht.at

Brief vom Rechtsanwalt!   Schottwien 30.9.2024

Wertes Team!

Ich habe dem Rechtsanwalt geantwortet, wo sie sich beschwert haben, ich sende zu lange Emails. Nur wurde uns von Joachim am Beginn gesagt, wir sollen alle Veränderungen sofort an die Hausverwaltung melden, und auch Ansuchen, was wir machen dürfen! Auch bei Beschwerden sollen wir uns an die Hausverwaltung wenden, denn dafür bezahlt er sie ja!

Nun sie können uns glauben, ich habe sicher keine Freude an unserem Hochzeitstag schon wieder Emails zu schreiben, aber möchte sie informieren das heute ja der Ing. wegen Schimmel kommen soll, und Roman Redwell bereits da war und das defekte Steuergerät getauscht hat, und wieder versucht hat die Geräusche vom Infrarotpaneel zu reparieren, es wird sich zeigen, ob es gelungen ist!

Dann habe ich noch Boris wegen der Mauer angerufen, da der nächste Teil der Mauere schon wieder sehr stark vorkommt und bald fallen wird! (siehe Foto) Er sagte auch ich soll ihnen sagen, daß es nicht die Mauer ist, die er repariert hat, sondern der nächste Teil kommt, was aber klar war! Nur wenn er eben nur einen Auftrag von Joachim bekommt, nicht alles zu reparieren, sondern nur zwei Meter ist es ja klar, daß er nun zum DRITTEN mal kommen muß um die Mauer zu reparieren! Da wir wieder in Richtung Süden mit WOMO fahren lasse ich das

Gartentor offen, da Boris in der Nähe was zu tun hat und dann die Mauer reparieren will!   Mfg Fam. Beyer

Bitte Schreiben vom 26.9.2024 bestätigen!

Schottwien 30.9.2024
Wertes Team!
Bitte um Bestätigung das sie unser Schreiben vom 26.9.2024 erhalten haben, wenn sie schon eine Lesebestätigungsanforderung ignorieren.

Oder müssen wir den Brief nochmals eingeschrieben schicken?
Mfg Fam. Beyer

Zugang oberer Teil der Liegenschaft

Sehr geehrte Fam. Beyer,   7.10.2024

nach der heutigen Begehung der Markgemeinde Schottwien ersuchen wir Sie, den oberen Teil der Liegenschaft (ober der Steinmauer) zu Ihrer eigenen Sicherheit nicht mehr zu begehen. Wir halten fest, dass keine Gefahr in Verzug besteht und es sich nur um eine Vorkehrungsmaßnahme handelt. Der obere Bereich wird in den nächsten Tagen bis auf weiteres gesperrt.

Mit freundlichen Grüßen

Das Team des Immobilienservice

Re: Zugang oberer Teil der Liegenschaft

Wertes Team!

Meinen sie jetzt die untere Terrasse oder die obere? Kommt jetzt Boris den restlichen Teil der Trockenmauer reparieren, denn wir würden den Garten gerne wieder absperren? Mfg Fam. Beyer

Re: Zugang oberer Teil der Liegenschaft

Sehr geehrte Fam. Beyer,

ab der unteren Terrasse (Terrasse bei Außenkamin).

Boris soll noch diese Woche kommen. Wie uns mitgeteilt wurde, eher Ende der Woche.

Mit freundlichen Grüßen

Das Team des Immobilienservice

Zugang oberer Teil der Liegenschaft 8.10.2024

Wertes Team und Joachim!

Ich weiß nicht, warum sich Joachim nicht erinnern kann und uns, obwohl doch eindeutige Beweise vorliegen, immer wieder anlügt und uns etwas unterstellt!

Bei der gestrigen Begehung hat er ja vor nun mehreren Zeugen gesagt, daß wir doch das Haus nicht mieten sollten, wenn uns das Loch an der Rückseite stört! Worauf ich sagte, es war nicht möglich die Rückwand einzusehen! Joachim behauptete aber, es waren keine Brombeeren auf der unteren Terrasse! Er dürfte sehr vergeßlich sein und hier zwei Fotos wo eindeutig zu sehen ist wie die untere Terrasse ausgesehen hat, vielleicht kann er sich dann erinnern, wie es war.

Boris sagte mir am Telefon, er kann nur das machen, wozu er den Auftrag hatte und nicht mehr, also liegt es sicher nicht an Boris, daß die Trockenmauer nicht sofort ordentlich repariert wurde!

Bitte um Kenntnisnahme und Bestätigung des Emails, Fam. Beyer

P.S.: Wir lassen Gartentor offen, da wir eventuell wieder mit WOMO unterwegs sind.

Zugang zur oberen Terrasse!

Schottwien 13.10.2024

Wertes Team vom Rechtsanwalt, Hausverwaltung und Joachim!

Da es hier um eine weitere Einschränkung unseres Mietrechtes geht, ersuche ich dieses E-Mail zu lesen, auch wenn es länger ist. Auch wenn sie im Augenblick es nicht der Mühe wert finden, auch nur eine Lesebestätigung zu geben!

Da sie nun eine Absperrung machen ließen, die uns sogar den Zugang zur oberen Terrasse verwehrt, muß ich ihnen sagen, daß wir uns das Betreten der oberen Terrasse sicher nicht verbieten lassen, denn sie ist mal sicher nicht Einsturzgefährdet, und im hinteren Teil habe ich selbst schon im August eine Absperrung gemacht, daß niemand diesen Teil betreten kann! Wir habe Geld investiert, um sie von Nikolai seinen Arbeitern mal von den gröbsten Brombeersträuchern zu befreien, und haben in den letzten Jahren viel Arbeitszeit investiert, um die schnell nachwachsenden Brombeeren und Sträuchern zu bändigen, wo es natürlich genug Bilddokumente von den Arbeiten gibt. Also werden wir die Obere Terrasse weiterhin benutzen, schon um sie nicht wieder zu wuchern zu lassen. Vor allem würden ja das Verbot sie zu betreten, eine weitere Mietzinsminderung nach sich ziehen!

Ich weiß nicht, ob diese Aktion eine weitere Schikane von Ihnen ist, um uns zu einer vorzeitigen Kündigung zu veranlassen, aber ich will hier nochmals sofort klarstellen, daß wir sicher nicht kündigen werden, sondern unsere versprochene Mietvertragsverlängerung fordern werden! Wir haben dieses Objekt nur mit der Zusage von Joachim gemietet, wenn eine Verlängerung des Mietvertrages garantiert wird! Diese Zusage mit Handschlag von Joachim, wurde uns ja bereits von Marion Brunner schriftlich bestätigt. Also wenn sie nach Ablauf des

Mietvertrages uns eine Delogierung machen wollen, möchten wir klarstellen, daß wir einer Kündigung von ihrer Seite mit allen zur Verfügung stehendes gerichtliches Rechtsmittel bekämpfen werden! Denn weder ich mit 75 Jahren noch meine krebskranke Frau, will sich den Streß eines Umzuges nochmals antun! Da wir keinen Verstoß gegen den Mietvertrag gemacht haben, sondern nur unsere Rechte als Mieter eingefordert haben, und uns gegen Eure Unterstellungen und Lügen gewehrt haben, sehen wir einer gerichtlichen Entscheidung gerne entgegen! Wir haben zu viel Geld und Arbeitszeit investiert, um dieses Objekt aufzugeben und wurden von Ihnen schon genug nervlich belastet, was dem Gesundheitszustand meiner Frau sicher nicht förderlich ist.

Nun machen wir einen letzten Versuch diese Eskalation des Mietverhältnisses gütlich zu bereinigen, dem anfänglich guten Verhältnis zu Joachim anzurechnen ist. Es würde vielleicht dienlich sein, wenn der Rechtsanwalt der Joachim vertritt, ihm auch erklärt, daß er keinerlei Recht hat eine Mietzinsminderung für uns abzulehnen! Also werde ich es hier erklären, wenn der Rechtsanwalt davon anscheinend nichts weiß!

Wir müssen eine Klage beim Bezirksgericht machen, dann wird vom Gericht ein Sachverständiger bestimmt, der dann individuell für jeden Fall, bestimmen wird, was das Gericht uns an Mietzinsminderung zusteht. Selbstverständlich werden die Gerichtskosten, Sachverständigen und Rechtsanwalt von uns an den Vermieter weitergegeben und notfalls eingeklagt!

Also wenn wir nicht recht bekommen, daß wir monatelang nicht schlafen konnten, weil sie die Heizung nicht reparieren ließen, und fünf Monate den Garten nicht voll benutzen konnten, weil sie uns mit Ausreden hingehalten haben, dann würde ich den Glauben an eine gerechte Rechtsprechung in Österreich verlieren und es wird sicher ein langer Prozeß werden!

Was die nun sogenannte „Baustelle" betrifft, wann wird hier gebaut werden, denn wir sperren das Gartentor wieder ab, also bitte um Verständigung, wenn die Mauer in Ordnung gebracht wird, denn wir wollen sicher nicht das Gartentor unversperrt lassen, vor allem da jetzt ja sehr viele Haus fremde Personen im Haus sind, die in den Wohnungen über „Booking.com" im Haus vermietet werden, was hoffentlich verständlich sein wird.

Bitte um Info, ob wir die Sache gütlich klären können, oder müssen wir wieder wie die Anzeige bei der Baupolizei notwendig war, bis sie endlich nach fünf Monaten die Mauer, leider nur notdürftig reparierten, wir nun die Klage beim Bezirksgericht einreichen?

Ihr Erich Beyer und Gabriela Beyer-Albrecht

P.S.: Dieses E-Mail geht an Rechtsanwalt, Hausverwaltung und Joachim

haberler hajos _ rechtsanwälte

verteidiger in strafsachen
eingetragene treuhänder
selbständige rechtsanwälte in kooperation

mag christian hajos
mag klaus haberler

msc – bauteil 1
schwarzottstraße 2a
2620 neunkirchen
tel: 026 35 / 6 16 17
fax: 026 35 / 6 16 17 18
mail: office@msc-recht.at
net: www.msc-recht.at

Gabriela Beyer-Albrecht
Erich Beyer
Hauptstraße 38/Top Nr. 7
2641 Schottwien
Per E-Mail: beyer.erich@gmail.com

Neunkirchen, am 23.10.2024
EgreJo/BeyeEr / TH / 6SB

Betrifft: Mietverhältnis mit Joachim Egresits

Sehr geehrte Frau Beyer-Albrecht!
Sehr geehrter Herr Beyer!

Zunächst verweise ich auf mein Vertretungsverhältnis zu Herrn Joachim Egresits. Nach Rücksprache mit meiner Mandantschaft erlaube ich mir zu Ihren E-Mails vom 13.10.2024 und 22.10.2024 wie folgt Stellung zu nehmen:

Wie Sie dem Schreiben der Baubehörde entnehmen können, fand am 07.10.2024 ein Ortsaugenschein auf der Liegenschaft meines Mandanten statt. Aufgrund der Anordnung der Baubehörde wurden daher die Absperrungen errichtet. Mein Mandant wird die von der Baubehörde vorgeschriebenen Maßnahmen fristgerecht setzen. Namens meines Mandanten untersage ich Ihnen hiermit ausdrücklich die Benutzung der abgesperrten Flächen. Bereits anlässlich der Mietvertragsunterfertigung wurde Ihnen in Anwesenheit von Frau Marion Brunner von der Firma Wirtschaftsservice Hohenschläger mitgeteilt, dass eine Benützung der „Gstettn", die mit Brombeersträuchern bewachsen war, nur bis auf Widerruf gestattet ist. Es wurde Ihnen die Erlaubnis gegeben, diese „Gstettn" auf Ihre Kosten ohne Anspruch auf Ersatz zu kultivieren. Bereits im Mietvertrag (Punkt I.) ist ersichtlich, dass Ihnen der an die Wohnung Top 7 angrenzende Gartenanteil vermietet wurde. Nicht umfasst war die sogenannte „Gstettn". Im mir vorliegenden Exposé der damals beauftragten Maklerin wird auch nur eine Grundstücksfläche von ca. 200 m² erwähnt. Unter Berücksichtigung der „Gstettn" wären dies aber wesentlich mehr m². Dies wurde mir auch von der anlässlich der Mietvertragsunterfertigung anwesenden Marion Brunner schriftlich bestätigt. Zumal daher diese „Gstettn" nicht Mietvertragsbestandteil war, steht Ihnen auch keine Mietzinsminderung für den nunmehr abgesperrten Bereich zu. Unabhängig davon würde der abgesperrte Bereich ohnehin keine relevante Einschränkung bedeuten, die zu einer Reduktion des Mietzinses berechtigen würde. Ihre Rechtsbelehrungen nehme ich zur Kenntnis. Selbstverständlich bleibt es Ihnen unbenommen, gerichtliche Schritte gegen meinen Mandanten einzuleiten. Ich verweise allerdings darauf, dass der im Prozess Unterliegende sämtliche Kosten des Verfahrens zu bezahlen hat.

Wie ich Ihnen bereits in meinem Schreiben vom 16.09.2024 mitteilte, ist mein Mandant seinen vertraglichen Verpflichtungen stets nachgekommen und konnte bzw. kann das Mietobjekt ohne Beeinträchtigung von Ihnen benützt werden.

Kanzleistunden: MO – FR 8.30 – 12.00 Uhr; MO – DO 13.30 – 16.00 Uhr
Mag. Klaus Haberler: RA-Code: R 206282 - UID: ATU53808303 - DVR: 2107863
Kanzleikonten: Sparkasse Neunkirchen, IBAN: AT97 2024 1000 0009 0209, BIC: SPNGAT21XXX
                      Raiffeisenbank Region Wiener Alpen, IBAN: AT59 3219 5000 0515 2723, BIC:RLNWATWWASP
Fremdgeldkonto: Sparkasse Neunkirchen, IBAN: AT43 2024 1000 0009 0308, BIC: SPNGAT21XXX

Aus dem Mietvertrag vom 27.03.2023 ist ersichtlich, dass das Mietverhältnis am 15.04.2023 begann und auf die Dauer von 3 Jahren abgeschlossen wurde. Es endet daher am **14.04.2026**, ohne dass es einer weiteren Aufkündigung bedarf (Punkt II.). Weiters wurde in Punkt IX. des Mietvertrages vereinbart, dass Abänderung des Vertrages oder zusätzliche Vereinbarungen zu ihrer Gültigkeit der Schriftform bedürfen. Namens meines Mandanten halte ich fest, dass keine Bereitschaft besteht, das Bestandverhältnis zu verlängern. Mein Mandant gab Ihnen diesbezüglich niemals eine verbindliche Zusage. In Ihrer Mail vom 13.10.2024 verweisen Sie in diesem Zusammenhang auf eine schriftliche Bestätigung von Frau Marion Brunner. Diese ist mir nicht bekannt und wäre für meinen Mandanten im Übrigen auch nicht bindend. Frau Brunner bestreitet, dass Sie Ihnen eine diesbezügliche Bestätigung ausgestellt hätte. Sofern Sie nach Ablauf des befristeten Mietverhältnisses das Bestandobjekt nicht ordnungsgemäß räumen, ist mein Mandant gezwungen, gerichtliche Hilfe in Anspruch zu nehmen. In diesem Fall würden auf Sie erhebliche Kosten zukommen.

Abschließend verweise ich darauf, dass es keinerlei Verpflichtung (weder von meinem Mandanten noch von der Hausverwaltung oder mir) gibt, Ihre E-Mails zu beantworten bzw. den Erhalt zu bestätigen.

Mit freundlichen Grüßen

Mag. Klaus Haberler

Richtigstellung zu ihrem Schreiben vom 23.10.2024

Betrifft: Ihr Schreiben vom 23.10.2024 Egrejo/BeyeEr/ TH / 6SB

Mietverhältnis mit Joachim Egresits

Richtigstellung ihrer angeführten Behauptungen
Schottwien 28.10.2024

Wertes Team!

Nachdem wir ihre Tourette Syndrom ähnlichen Wortwiederholungen über die „Gstettn" verwunderlich gelesen haben, fragen wir uns schon, wie sie ihre Behauptungen recherchieren?

Es ist uns natürlich klar, daß sie Hr.Egresits vertreten, nur wie weit es mit der „Ethik" eines Rechtsanwaltes zu vertreten ist, ohne vorher etwas zu überprüfen, ganz einfach weiterzugeben. Wir werden uns diesbezüglich in der Rechtsanwaltskammer erkundigen.

Was mal die Gartenfläche betrifft, hier zitiere ich wörtlich aus dem Inserat des Maklerbüros:

Eckdaten:

Grundstücksfläche: ca. 200m²

Wohnfläche: ca. 62 m²

Gartenfläche: ca. 250 m²

Da der untere Teil des Gartens ja nur an die 144 m² entspricht, haben wir sehr wohl auch die Terrassen gemietet. Was die Aussage „Auf Widerruf" betrifft, ist es eindeutig eine Lüge, denn das wurde uns nie gesagt, aber bereits die unteren Mieter „Anna und Peter" wurden diesbezüglich belogen und ihnen die Benützung des Gartens versprochen. Außerdem wurde uns sogar von Joachim gesagt, wir können sogar oberhalb seinem Wald benützen, um daraus Holz zum Heizen zu schlagen! Wir hätten sicher nicht viel Geld und Arbeit in die Rodung der beiden Terrassen investiert, noch die Stufen und Handläufe gemacht, wenn es nur auf „Widerruf" gewesen wäre.

Soweit ich mit der österreichischen Rechtslage vertraut bin, ist auch eine mündliche Zusage mit Handschlag gültig, vor allem mit noch dazu anwesenden Zeugen, wie Marion Brunner und noch ein Angestellter des Maklerbüros, was von meiner Frau und von mir natürlich bei einer etwaigen folgenden Gerichtsverhandlung, jederzeit zu beeiden ist. Auch wenn Marion zu Joachim ein freundschaftliches Verhältnis hat, bin ich nicht sicher, ob sie einen Meineid für Joachim vor Gericht ablegen wird, wobei ich mir nicht sicher bin ob es Joachim tun würde, wie oft er schon nachweislich gelogen hat! Deshalb habe ich Marion daran erinnert, was bei der Unterzeichnung mit Joachim in ihrer Anwesenheit gewesen ist, damit sie sich plötzlich an nichts mehr erinnern kann!

Sie hat zwar in ihrem E-Mail vom 18.10.2023 die Situation nur umschrieben, aber da weder meine Frau noch ich an „Alzheimer" erkrankt sind, und wir uns noch genau daran erinnern können, daß wir mit Handschlag von Joachim zugesagt bekommen haben, daß eine Verlängerung kein Problem ist! Also wird es schwer sein für Marion und dem Angestellten bei Gericht zu beeiden, daß Beide gerade beim Handschlag aus dem Fenster gesehen haben und somit unseren Handschlag nicht gesehen haben. Wir können uns auch noch genau erinnern, wie uns Joachim sagte die Vormieterin, die er als Alkoholikerin bezeichnet hat, auch gerichtlich Verklagen mußte, wobei sie ihn angeblich beschuldigte für von ihr im Keller aufbewahrten Lederschuhe verantwortlich zu sein. Was natürlich bei dem feuchten

Keller kein Wunder wäre, nur wie weit hier alles, was er erzählte nun wahr ist, wage ich anhand der vielen Lügen nun langsam zu bezweifeln.

Falls es 2026 zu einer Kündigung von Seitens Joachim kommen sollte, dann würden wir natürlich annehmen, daß wir bereits bei der Unterzeichnung des Mietvertrages, vorsätzlich betrogen wurden, und wir unter Vorspielung falscher Tatsachen zum Abschluß genötigt wurden. Denn NOCHMALS, meine Frau hat mit ihrem Krebs (Adenoid zystischen Karzinom) und ich mit 74 Jahren nur den Mietvertrag abgeschlossen und unterzeichnet haben, weil uns von Joachim gesagt wurde, die drei Jahre sind nur weil es so üblich ist, aber eine Verlängerung kein Problem ist! Denn nur unter dieser Voraussetzung haben wir den Mietvertrag abgeschlossen!!!

Falls diese Machenschaften von Joachim und Marion von Haus aus geplant waren, würden wir natürlich auch die Maklerprovision auch zurückfordern! Wir haben mit keinerlei Verschulden gegen den Mietvertrag verstoßen und immer nur Dinge gefordert die uns rechtlich als Mieter zustanden. Deshalb werden wir, falls uns gekündigt wird, jede Instanz bei Gericht benutzen, um zu unserem Recht zu kommen und bis zum obersten Gerichtshof gehen, falls es nötig ist!

Nun zu den von ihnen angesprochenen Mietzinsminderungen wegen der Gartenterrasse. Wenn sie meine Emails wirklich gelesen haben, ging es mal Primär nur um den unteren Gartenanteil, (ca. 140 m²) den wir nicht benutzen konnten, weil die Reparatur der Mauer absichtlich für FÜNF Monate verzögert wurde, obwohl dann wieder nur eine Trockenmauer aufgestellt wurde, die als durch Frostgefahr keinerlei Verzögerung bedurft hätte. Das wir die Anzeige bei der Baupolizei machen mußten, war nur die Verzögerungstaktik von Hausverwaltung und Joachim mit der wir uns gefrotzelt vorkamen, und das haben wir als Mieter nicht nötig und brauchen wir uns nicht gefallen zu lassen.

Es ging dabei auch nicht um den Schimmel, den wir sogar wie bereits in meinem E-Mail geschrieben, in Kauf nahmen und ihn selber immer wieder bekämpfen, mit Schimmelspray und Schimmelfarbe in monatlichen Abständen behandeln um Joachim Geld zu sparen!

Primär ging es bei der Mietzinsminderung darum, daß wir monatelang drei bis viermal in der Nacht durch die Ausdehnung der Infrarotpaneele mit lauten „Tok Tok" geweckt wurden, was einer chinesischen Folter gleichkommt, und meine Frau und auch mich, psychisch und physisch stark belastet hat, und monatelang nicht behoben wurde, was eine nervliche Belastung war, was sich jeder normale Mensch vorstellen kann. Das dafür natürlich Tondokumente als Beweis vorzulegen sind, müßte ja klar sein, wie alle Bilder und das Inserat jederzeit ein sichtlich sind. Meine frühere Journalistische Tätigkeit und das Schreiben meiner 25 Bücher haben mich dazu gelehrt, alles aufzuzeichnen was eventuell wichtig sein könnte, wie als Skipper in meinen mehr als 40 Logbüchern, ohne die ich die lückenlosen Annalen nicht hätte beschreiben können.

Bis dato haben wir versucht, Joachim Geld zu sparen, da er uns öfter erklärte kein Budget mehr zur Verfügung hat, um diverse nötigen Arbeiten verrichten zu lassen. Anscheinend hat er dadurch immer nur einen Teil der Mauer instand setzen lassen, wodurch noch mehr Schaden entstanden ist. Aber wir verstehen nicht, wieso er für unsere Instandsetzungsarbeiten kein Geld hat, aber dafür genug in seine „booking.com" Wohnungen investieren kann?

Er dürfte anscheinend auch genug Geld haben, oder auch eine gute Rechtschutzversicherung, um einen Anwalt zu beauftragen, was wir bis dato vermieden haben. Ihr Verweis, daß die Kosten der im Prozeß unterliegende zu zahlen hat, was uns sicher kein Problem machen wird, aber wenn es hier im Interesse von Joachim liegt, können wir nun auch gerne, obwohl ich diesen Schriftverkehr, gerne selbst führe, auch in Zukunft die Schreiben von unserem Anwalt machen zu lassen! Auch können wir gerne ein Fachärztliches Gutachten machen lassen, wie schädigend die monatelangen Schlafstörungen für uns waren. Das alles wollten wir aber Joachim ersparen, und so wie es aussieht werden wir die Klage beim Bezirksgericht nun auch machen müssen, was wir in Kürze dann auch machen werden, falls es hier anscheinend zur Wahrheitsfindung nur über gerichtliche Schritte geht!

Falls sie hier keine Bestätigung für den Erhalt unseres Schreibens geben wollen, kann ich ihnen den Brief auch per Einschreiben schicken, oder wenn es ihnen lieber ist, auch gleich den Anwalt damit beauftragen. Wenn sie der Meinung sind, wie in ihrem Schreiben vom 16.9. 2024, daß hier keine Beeinträchtigung des Mietobjektes vorliegt, dann haben sie die Berichte von uns nicht wirklich gelesen.

Mfg Erich Beyer und Gabriela Beyer-Albrecht

Dieses Schreiben war als PDF im E-Mail und wurde, weil keine Bestätigung vom Rechtsanwalt kam, am 30.10.2024 nochmals EINGESCHRIEBEN an die Kanzlei abgesendet.

Sendungsnummer: R0809448053AT PLZ: 2620

Bitte um Info wegen Arbeitsbeginn

Schottwien 5.11.2024
Sehr geehrte Fr. Scherz!

Bitte um Info, wann die Arbeiten im Garten gemacht werden, denn wir müssen ja das Gartentor offenlassen, da ja immer fremde Leute von den „Booking.com" Wohnungen im Haus herum laufen ist es nicht zumutbar, den Garten offen zu lassen. Wir werden im Dezember wieder in Kroatien sein und hoffen daß wir nicht wieder monatelang hingehalten werden, bis die Arbeiten gemacht werden! Mfg Fam. Beyer

Re: Bitte um Info wegen Arbeitsbeginn

Sehr geehrter Herr Beyer,   5.11.2024

Sie müssen ihr Gartentor nicht offen lassen. Wir warten noch auf den Bescheid der Gemeinde. Sie werden rechtzeitig informiert, sollte wer in den Garten müssen.
Freundliche Grüße   Das Team vom Immobilienservice

Re: Bitte um Info wegen Arbeitsbeginn   5.11.2024

Ich verstehe diese Aussage schon wieder nicht, denn ich habe von der Gemeinde die Auskunft erhalten, daß sie den Bescheid schon lange an sie zugeschickt hat, also wieso warten sie dann noch auf den Bescheid, den sie schon lange haben?

Ich habe auch einen Brief an den Rechtsanwalt bereits eingeschrieben gesendet, Mfg Fam. Beyer

Fragen zu Rechtsanwälten

Schottwien 6.11.2024
Wertes Team vom Mieterschutz!

Ich hoffe sie können uns Auskunft geben, was die Anwälte bestimmen können?
Das sie natürlich für ihren Mandaten arbeiten ist klar, aber darf ein Anwalt ohne eine Überprüfung etwas weitergeben, was aber eindeutig zu beweisen ist, gar nicht den Fakten und Tatsachen entspricht?

225

Dürfen die Anwälte „Haberle Hajos" einfach sagen, es steht uns keine Mietzinsminderung zu? Denn laut Auskunft des Mieterschutzes, kann das der Anwalt gar nicht bestimmen, sondern nur eine Klage über das Bezirksgericht, wo dann ein Sachverständiger bestimmt wird, kann dann individuell für jeden Fall, entscheiden ob, und wieviel an Mietzinsminderung berechtigt ist!

Also wieso können sich diese Anwälte anmaßen hier zu sagen, wir haben kein Recht auf eine Mietzinsminderung?

Bitte um Info, oder müssen wir da zur Landesregierung und Gericht gehen, um eine Auskunft über Rechte und Pflichten eines Anwaltes zu bekommen?

Hochachtungsvoll Ihr Erich Beyer und Gabriela Beyer-Albrecht

GZ 687/24

Sehr geehrter Herr Beyer!   *7.11.2024*

Bitte beachten Sie das Schreiben in der Anlage.

Mit freundlichen Grüßen

Die Niederösterreichischen
**Rechtsanwältinnen
und Rechtsanwälte**

Herrn
Erich Beyer

Per E-Mail: beyer.erich@gmail.com

St. Pölten, am 07.11.2024/PS/PG
GZ 687/24

Ihr Schreiben bezüglich Haberler Hajos Rechtsanwälte

Sehr geehrter Herr Beyer!

Es wird um Bekanntgabe ersucht, ob Ihr Schreiben vom 06.11.2024 bezüglich Haberler Hajos Rechtsanwälte als Beschwerde zu werten ist. Wenn ja, fordern wir Sie zu einer **detaillierten** Sachverhaltsdarstellung auf.

Der guten Ordnung halber wird für eine Mitteilung Ihrerseits eine **Frist von 14 Tagen** gesetzt. Sollte bis dahin keine Antwort im Kammeramt eingelangt sein, wird der Akt außer Evidenz genommen.

Mit vorzüglicher Hochachtung

Für den Ausschuss der Rechtsanwaltskammer Niederösterreich
Abteilung II/1
Vors. Präsident Dr. Christoph Sauer
F.d.R.d.A.

Schottwien 7.11.2024

Sehr geehrter Hr. Dr. Sauer!

Wenn es so geht, dann würde ich es als eine Beschwerde bringen. Unser Vermieter hat uns mit Lügen und Verzögerungen so lange hingehalten, um z.B. die Trockenmauer im Garten zu reparieren, die er erst gemacht hat, nachdem wir eine Anzeige bei der Baupolizei gemacht haben. Da

227

uns vom Mieterschutz geraten wurde eine Mietzinsminderung zu deklarieren, haben wir das schon vor Monaten gemacht, und obwohl wir als Mieter nie gegen den Mietvertrag verstoßen haben, will uns die Hausverwaltung und Vermieter anscheinend aus dem Haus vergraulen, wo es dann im Verlaufe dieser Zeit dazu kam, uns vom Vermieter die angehängten Schreiben von seinem Rechtsanwalt zu senden, auf die wir geantwortet haben.

Nach Datum geordnet habe ich diese Schreiben angehängt, weil ich der Meinung bin, daß sie nicht den Fakten entsprechen.

Hochachtungsvoll Erich Beyer und Gabriela Beyer-Albrecht

Schimmelbekämpfung

Geht an Rechtsanwalt, Joachim und Hausverwaltung:

Schottwien 7.11.2024 Sehr geehrte Fr. Scherz!

Ich habe gerade mit der Amtsleiterin Fr. Rottensteiner telefoniert, die mir versichert hat, ihnen den Bescheid schon vor längerer Zeit zugesendet hat. Warum lügen sie uns schon wieder an, und sagen sie warten noch auf den Bescheid?

Da wir ja im Dezember schon in Urlaub fahren, leider ein neues Problem, wo wir selber leider auch mit Schimmelspray und Antischimmelfarbe nichts mehr ausrichten können, deshalb bitte eventuell der Hausmeister oder wer davon Ahnung hat, sich die Sache ansehen sollte.

Nachdem wir den Ofen jetzt zweimal aktiviert haben, mußten wir leider feststellen, daß sich an der Rückwand der Verputz aufstellt und sich Hohl anhört, also wollen wir da nicht mehr zu stark wischen, denn wir befürchten das der Verputz runterfällt! Aber es ist wieder ein Beweis, daß die Wand sicher nicht vor der Vermietung, fachgerecht gegen Schimmel bekämpft wurde, siehe Foto! Bitte um baldige Info, das etwas gemacht wird, bevor wir in den Urlaub fahren, mfg Fam. Beyer

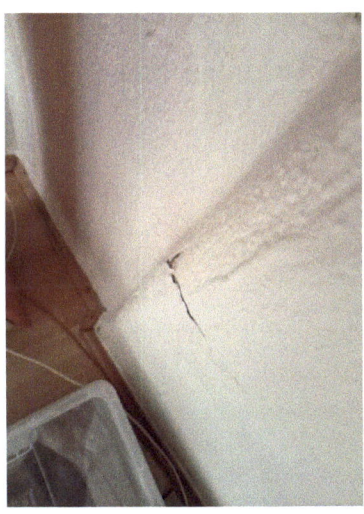

Ich habe heute am 7.11.2024 nochmals Fr. Rottensteiner angerufen, um sie zu erinnern uns den Bescheid zu senden. Sie sagte sie hat nicht vergessen, aber im Augenblick viel Arbeit die Termingerecht erledigt werden muß, aber nicht auf uns vergißt!

Ebenfalls habe ich nochmals ein E-Mail an Ing. Murawatz geschickt, wo ich ersucht habe, eventuell eine Einsicht in sein Gutachten zu erhalten. Am Telefon leider immer nur zu Tonband gekommen!

Fwd: Gutachten für Schottwien Fa. Beyer

Schottwien 7.11.2024 Werter Hr. Murawatz!

Leider auch versucht bei Ihnen anzurufen, um eine Info zu bekommen, aber außer dem Tonband hebt leider niemand ab! Bitte um Info mfg Fa. Beyer

-------- Weitergeleitete Nachricht --------

Betreff: Gutachten für Schottwien Fa. Beyer

Datum: Wed, 6 Nov 2024 09:10:31 +0100

Von: Erich Beyer <beyer.erich@gmail.com>

An: info@murawatz.com

Sehr geehrter Hr. Ing. Murawatz!   Schottwien 6.11.2024

Sie haben ja bei uns ein Gutachten erstellt, Schottwien 2641, Hauptstraße 38 Nebengebäude 7, und wir würden gerne wissen was da herausgekommen ist und ob wir da auch Einsicht bekommen?

Jedenfalls hat jetzt die Heizsaison wieder voll bekommen und leider, obwohl wir den Ofen erst ein paarmal eingeheizt haben, schaut es jetzt aus, daß der Verputz hinter dem Ofen bald runterfallen wird und es hört sich auch sehr hohl an. Nun da nützt es nicht mehr viel, wenn wir mit Schimmelspray arbeiten und deshalb meine Frage, was da zu machen ist, denn wir können es sicher nicht neu verputzen?

Bitte um Info und ob wir Einsicht in das Gutachten auch haben können,

Hochachtungsvoll Ihr Erich Beyer und Gabriela Beyer-Albrecht

Nun drängt sich die Frage auf, was für ein Sachverständiger da in unserer Wohnung war, den Joachim da gesendet hat. Denn auf zig Anfragen per E-Mail, mit und ohne Fotos angehängt konnten nicht zugestellt werden. Auch zig Anrufe brachten mich nur zum Anrufbeantworter ohne Möglichkeit eine Nachricht zu hinterlassen!

Stellungnahme

12.11.2024   *Sehr geehrter Herr Beyer,*

im Anhang übermittle ich Ihnen die Stellungnahme zu Ihrer Anzeige. Mit freundlichen Grüßen

AL Helena Rottensteiner

Marktgemeinde Schottwien

231

BEZIRK NEUNKIRCHEN, NIEDERÖSTERREICH, 2641 SCHOTTWIEN, HAUPTSTRASSE 30

TEL. 02663/82 13, FAX 02663/821 3-4, GEMEINDE@SCHOTTWIEN.GV.AT, www.SCHOTTWIEN.GV.AT

Schottwien, am 12.11.2024

Betreff: Baupolizeiliche Anzeige

An Herrn

Erich Beyer

Hauptstraße 38

2641 Schottwien

Sehr geehrter Herr Beyer!

Die Marktgemeinde Schottwien hat am 09.07.2024 eine Anzeige von Ihnen erhalten. Diese Anzeige richtet sich an die Baupolizei und Gegenstand dieser ist die Steinmauer im Gartenbereich, welcher von Ihnen genutzt wird. Sie haben uns eine Fotodokumentation übermittelt, anhand der die rausgebrochenen Steine ersichtlich sind. Nun haben Sie Bedenken und Sorge, dass Sie verletzt werden können.

Die Marktgemeinde hat mit der Bausachverständigen am 07.10.2024 einen Ortsaugenschein durchgeführt. Bei diesem Ortsaugenschein war der Eigentümer und die Hausverwalterin dabei und es wurde der Gartenbereich und die gegenständliche Mauer begutachtet. Dem Eigentümer

232

wurden Sofortmaßnahmen auferlegt, die dieser bereits zur Umsetzung gebracht hat. Diese Sofortmaßnahmen dienen Ihrem Schutz.

Bezüglich einer Mietreduktion können wir keine Aussagen tätigen, da dies nicht in das Aufgabenfeld einer Baubehörde fällt. Weiters dürfen wir baubehördliche Informationen, die den Eigentümer betreffen, nicht weitergeben. Daher bitten wir Sie um Verständnis, dass wir den Bauakt und die Stellungnahmen nicht an Sie weitergeben.

Die Marktgemeinde ist Ihrer baupolizeilichen Anzeige nachgegangen und hat den Bereich, der Sie gefährden könnte, sperren lassen (Sofortmaßnahmen) und weitere Maßnahmen dem Eigentümer auferlegt.

Mit freundlichen Grüßen

Der Bürgermeister:
Wolfgang Ruzicka, BE

BANKVERBINDUNG RAIFFEISENBANK NÖ-SÜD ALPIN

UID-NR.   ATU1
ATU16217109   IBAN A'
IBAN AT32 3219 5000 0060 0320, BIC RLNWATWWASP

Re: Stellungnahme

Schottwien 12.11.2024

Sehr geehrte Fr. Rottensteiner und Hr. Bürgermeister!

Wir kommen uns da schon etwas blöd vor und als Mieter ohne Rechte, denn was soll diese Aussage? Die Sperre nützt uns eher nichts, wenn wir den Garten nicht voll benützen können, sollen wir jetzt nochmals monatelang auf eine Lösung warten?

Wir wollen wissen, und ich glaube als Mieter haben wir das Recht dazu, was soll der Vermieter nun eigentlich an Sanierung machen, und vor allem wann?

Denn da uns die Hausverwaltung und Hr. Egresits aus dem Haus vergraulen wollen und hoffen, daß wir den Mietvertrag kündigen, wird er sicher nun auch Jahrelang nichts machen lassen!

Also würden wir gerne wissen, was er nun machen muß, und in welchen Zeitraum, oder müssen wir erst eine Klage über das Verwaltungsgericht machen, um Einsicht in den Akt zu bekommen.

Wieso wird hier ein Geheimnis daraus gemacht und man läßt den Mieter keine Chance, um auch ihren Rechtsanwalt zu sagen was nun eigentlich gemacht werden muß?

Bitte um Info, denn die Sache geht jetzt seit Jänner und ich glaube, daß 10 Monate auf eine Lösung zu warten, doch genug sind und nicht durch eine Absperrung gelöst ist.

Bitte um Info, Hochachtungsvoll Fam. Beyer

P.S.: Die Mietzinsminderung wird, nachdem wir die Klage über Bezirksgericht gemacht haben, dann individuell von einem Sachverständigen und Gericht bestimmt!

Antwort auf unsere Fragen?

Schottwien 14.11.2024
Wertes Team und Joachim!

Wenn auch Euer Rechtsanwalt der Meinung ist, ihr müßt keine Antwort auf unsere Anfragen geben, dürfte er im Irrtum sein! Denn sehr wohl haben sie als Hausverwaltung auf unsere Fragen zu antworten, speziell wenn sie dafür ja bezahlt werden. Über diese Aussagen des Rechtsanwalts haben wir schon eine Beschwerde bei der Rechtsanwaltskammer NÖ gemacht.

Da wir ja im Winter wieder für zwei Monate in Kroatien sein werden, würde es schon wichtig für uns sein, was mit dem Verputz im Wohnzimmer passieren soll und wann mit den Arbeiten im Garten was gemacht wird, den Bescheid von der Gemeinde haben sie ja schon seit längerer Zeit, wie mir jetzt auch der Bürgermeister in seiner Stellungnahme geschrieben hat.

Bitte um baldige Info, weil diese Einschränkung unseres Garten, (wo sogar die Berechnungen über die Quadratmeter des Gartens falsch waren) auch am Bezirksgericht wegen Mietzinsminderung beurteilt wird. Dann hoffen wir auch uns hoffentlich im neuen Jahr im TV beim Bürgeranwalt zu sehen, wo dann vielleicht auch schon mein Buch über diese Schikanen von Euch, herauskommen wird! Wo ihr es anscheinend so lange raus zögern wollt, um uns zum Ausziehen zu bewegen, was aber sicher nicht gelingen wird!

Mfg Fam. Beyer

GZ 687/24   *14.11.2024*

Sehr geehrter Herr Beyer! Bitte beachten Sie das Schreiben in der Anlage. Mit freundlichen Grüßen Rechtsanwaltskammer Niederösterreich

Schon wieder keine Antwort?

Schottwien 19.11.2024
z.H.Fr.Hofer!

Ich weiß nicht, ob das der richtige Weg ist, daß ihre Angestellten auf unsere Fragen nicht antworten, denn es wäre doch wichtig für uns zu wissen, was nun mit dem Verputz gemacht wird, der hinter dem Ofen anfängt zum Abblättern! Oder sind da die Hausverwaltung und Vermieter auf einmal nicht mehr zuständig?
Außerdem wollen wir wissen, ob wir im Dezember und Jänner das Gartentor versperrt lassen können, oder ob da etwas gearbeitet wird? Bitte um baldige Info, Fam. Beyer

P.S.: Wir haben versucht den Ing. Murawatz zu erreichen, nur kann E-Mail nicht zugestellt werden, noch kann man ihn per Telefon erreichen! Ich hoffe er ist nicht verstorben, denn wenn ein Sachverständiger überhaupt nicht zu erreichen ist, dann ist das schon sehr sonderbar welche Leute sie immer haben!

Top 7, Hauptstraße 38, 2641 Schottwien

Sehr geehrter Herr Beyer,   *19.11.2024*

wir möchten Sie informieren, dass wir von Herrn Baumeister Murawatz folgende Information, welche an Sie gerichtet ist, erhalten haben:

Die Problematik an der westlichen Außenwand wird sicherlich dadurch erhöht, dass sich vor dieser Wand zum Teil Schränke befinden. Bitte darauf achten, dass die Schränke nicht direkt an der Mauer stehen.

Es wäre hilfreich, wenn Sie die Raumtemperatur auf 22° Grad beschränken. Die längeren Zeiträume der Abwesenheit führen naturgemäß dazu, dass in dieser Zeit keine Lüftungsvorgänge stattfinden. Dies ist natürlich nicht optimal, wird sich aber nicht vermeiden lassen.

Weiters gab es eine Empfehlung an Herrn Egresits an der westlichen Außenwand eine Drainage zu machen. Diesen Ratschlag nimmt Herr Egresits an und wird dies zusammen mit der Steinmauer nächstes Jahr erledigen. Dies zu Ihrer Information und für Ihre Planung.

Sie können das Gartentor absperren. Wir informieren Sie rechtzeitig vor Arbeitsbeginn.

Es wäre schön, wenn wir ein besseres Miteinander pflegen könnten. Endlose Diskussionen oder gar Streitereien tuen keinem gut. Vielleicht kann man ja einen Weihnachtsfrieden finden.

Außerdem möchte ich noch anmerken, dass Herr Baumeister Ing. Murawatz ein beeideter Sachverständiger ist. Er sehr kompetent und erfahren. Vielleicht ist Herr BM Murawatz krank oder hat ein paar Tage frei.

Mit freundlichen Grüßen   Michaela Hofer

Re: Top 7, Hauptstraße 38, 2641 Schottwien

Schottwien 20.11.2024

Sehr geehrte Fr. Hofer!

Danke sehr für die Info, auch von BM Murawatz, auch wenn seine Argumente nicht zu nachvollziehen sind. Vor allem wenn ich 14 Tage

238

nur auf Tonband am Telefon komme, und alle Emails auch mehrmals von Google versucht, nicht zustellbar waren! Dann muß ich annehmen, daß er nicht mehr aktiv ist!

Da er ja auch viele Fotos gemacht hat, verstehe ich die Aussage überhaupt nicht, was da behauptet wird, er war ja vor Ort und hat alles gesehen. Also wie sie am Foto sehen, ist hinter dem Ofen wo jetzt der Verputz abfallen wird, alles frei! Das Regal links mit meinen Schallplatten und Tonbändern ist mehr als 15 cm von der Wand entfernt, und die Kommode ist an der linken Seite 10 cm, und rechts, da die Wand nicht im rechten Winkel ist und somit schief verläuft, sogar 20 cm von der Wand weg, also Luft genug zum Zirkulieren, wir können die Möbel ja nicht mitten in den Raum stellen! Rechts meine Studiotonbandmaschinen sind auch an die 15 cm von der Wand weg und das Regal ist nach hinten komplett offen, also steht da gar nichts an der Wand.

Unsere Kästen im Schlafzimmer sind mehr als 10 cm von der Wand entfernt, und mit Schrauben oben gegen umfallen gesichert, was auch Hr. Murawatz gesehen und fotografiert hat!

Zu ihrer Aussage, wir sollen die Raumtemperatur auf 22° „beschränken"! Wie sollen wir was „beschränken" wenn wir, obwohl alle Infrarotpaneele auf volle Kraft laufen, selbst jetzt, wo noch keine Minusgrade sind, gar nicht eine Raumtemperatur von 22° erreichen können? Und das, obwohl wir monatlich 300.- € an Strom zahlen! Und da wir ja einen Hund haben, machen wir sicher öfters „Stoßlüften" wie man sich ja vorstellen kann. Das ist auch einer der Gründe, warum wir im Winter in südliche Gefilde fahren, und auch um unserer „Shiva" die Knallerei zu Silvester ersparen.

Zu Miteinander und Weihnachtsfrieden:

Wir haben sicher diesen „Krieg" nicht gewollt und meiner krebskranken Frau tut diese nervliche Belastung sicher nicht gut, wie eben monatelang keine Nacht durchzuschlafen. Nur wurde mal FÜNF Monate die Reparatur der Mauer verzögert und wir hingehalten, und erst als wir die Anzeige bei der Baupolizei gemacht hatten, wurde die Mauer, leider auch sehr zweifelhaft provisorisch repariert! Dann wird mit der Aussage, daß wir die Terrassen nur auf „Widerruf" gemietet haben, wieder eine falsche Aussage gemacht, wo selbst die Quadratmeter nicht stimmen, was wir ja dem Anwalt auch mitgeteilt haben. Wobei dieser Anwalt schon mit der zweifelhaften Aussage, wegen der Mietzinsminderung schon etwas behauptet hat, nämlich, daß wir kein Recht auf Mietzinsminderung haben, obwohl er weder die Fähigkeit noch das Recht hat, solch eine Behauptung aufzustellen!

Wir haben sicher nichts dagegen hier einen Frieden zu schließen, denn wir habe es ja schon in den vorigen Emails geschrieben, wenn wir eine schriftliche Zusage von Hr. Egresits bekommen, daß die von ihm versprochene Verlängerung des Mietvertrages gemacht wird, was wir hier nochmals vorschlagen, also auch damit Frieden geschlossen werden kann! Und uns dann auch noch mit der Drohung konfrontiert, daß Hr. Egresits den Mietvertrag nicht verlängern wird.

Nur wenn wir diese Zusage nicht bekommen, bleibt uns leider nichts anderes übrig, als beim Bezirksgericht die Klage wegen Mietzinsminderung zu machen, und dann hoffentlich im neuen Jahr, diese Angelegenheit im TV über den Bürgeranwalt klären zu können! Also von unserer Seite steht einem Frieden nichts im Wege, wenn wir zu unserem versprochenen Recht kommen!

Bitte um Info, ob wir hier nun Frieden schließen können und eine gütliche Lösung möglich ist, oder ob wir alles dann über ein Gericht bereinigen müssen? Sie können aber sicher sein, daß wir mit einem guten Anwalt so lange kämpfen werden, um hier Recht zu bekommen.

Wenn sie meine Bücher gelesen hätten (nicht die über das Segeln), dann würden sie wissen, daß AUFGEBEN nicht in meinem Wortschatz liegt!

Hochachtungsvoll Ihr Erich Beyer und Gabriele Beyer-Albrecht

P.S.: Übrigens habe ich die Wasserleitung im Keller zu der unteren Terrasse abgesperrt und entleert damit sie nicht wieder auffrieren kann!

Ich muß natürlich noch einbauen, was so im Hintergrund passiert wo wir das Ganze durchziehen wollen, wobei man natürlich in Österreich sehr viele „Hürden" beseitigen muß, um zu einem Ergebnis zu kommen. Denn was wahrscheinlich nur bei uns in Österreich möglich ist, nützte ein Anruf beim Bezirksgericht Neunkirchen auch nichts, weil dort für so eine Frage angeblich nur ein Richter Auskunft geben kann, was ja eher lächerlich ist und ich jetzt meine Frage an den Mieterschutz gestellt habe.

Frage für Klage beim Bezirksgericht?

Wertes Team vom Mieterschutz!   Schottwien 25.11.2024

Ich habe zwar heute im Bezirksgericht Neunkirchen angerufen und wurde zur zuständigen Stelle weitergeleitet, aber was wahrscheinlich nur bei uns in Österreich möglich ist, konnte sie meine Frage nicht beantworten und meinte, das kann nur ein Richter, aber die sind alle in einer Verhandlung!!!
Jedenfalls war meine Frage:
Wenn ich nun die Klage beim Bezirksgericht wegen Mietzinsminderung einreichen will, muß ich die Klage nun an den Vermieter (von dem ich seine Adresse leider nicht weiß) oder an die Hausverwaltung machen?

Nun diese Frage konnte mir von der Dame nicht beantwortet werden, ich hoffe sie können mir Auskunft geben.

Hochachtungsvoll Fam. Beyer

Antwort Mieterschutz am 26.11.2024

Sehr geehrter Herr Beyer!
Ich übermittle Ihnen im Anhang eine Information über unseren Verein. Es gibt die Möglichkeit einer Teilmitgliedschaft (nur Beratung für die Dauer eines Monats, diese erlischt automatisch, um Euro 80,00) oder einer Vollmitgliedschaft (Mitgliedsbeitrag im Kalenderjahr 2024 Euro 137,00 sowie einmalig Euro 75,00 als Einschreibegebühr, insgesamt daherim ersten Kalenderjahr € 212,00, bei Beitritten ab November verlangen wir nur € 150,00 für das Restjahr). Wenn Sie an einer Mitgliedschaft interessiert sind – dann müssten Sie nur entsprechend auf dieses E-Mail anworten – würden wir Ihnen in Folge die Beitrittsunterlagen übermitteln. Die Beratung per E-Mail oder Telefon

erfolgt nach Eintreffen dieser Beitrittsunterlagen und des
Mitgliedsbeitrages auf unserem Konto
IBAN: AT64 6000 0000 0773 0287
Bei einer Tätigkeit unsererseits innerhalb von 14 Tagen, ist zudem auch
die entsprechende Erklärung abzugeben, dass wir innerhalb der 14
Tagetätig werden sollen. Das entsprechende Formular würde dann
ebenfalls mit den Beitrittsunterlagen übermittelt werden, ansonsten
können wir aufgrund der gesetzlichen Vorschriften erst nach dem Ende
der 14 tägigen Rücktrittsfrist tätig werden. Das ist nicht notwendig
wenn die Mitgliedschaft dann im Rahmen des persönlichen Termins
abgeschlossen wird. Bei einem persönlichen Termin könnten Sie auch
die Zahlung vor Ort in bar erledigen und die Formulare vor Ort
ausgefüllt werden. Das Geld wäre in bar mitzunehmen, wir haben
keinen Bankomat.
Vertretung in streitigen Verfahren, also Mietzinsklagen machen wir
nicht.
Grundsätzlich müssen Sie eine Klage gegen Ihren Vermieter richten.
Die Hausverwaltung ist ja nur dessen Vertretung. Falls Sie ein
Geburtsdatum Ihres Vermieters und dessen frühere Adresse kennen
wäre eine Meldeabfrage möglich. Die könnte auch der Anwalt
machen den Sie für die Kage beauftragen.
Eine aktuelle Adresse ist wichtig, weil die Klage muß ihm zugestellt
werden können.
Hochachtungsvoll
Mag. Wolfgang Czuba

Schottwien 27.11.2024

Sehr geehrter hr. Mag. Czuba!

Danke für die Info, aber wir haben ja schon mal die Sache besprochen,
wir hätten die Mitgliedschaft ja schon lange gemacht, aber sie haben uns
ja mitgeteilt, daß sie uns in dieser Sache eigentlich nicht helfen können.

Ich hoffe ich kann die Klage selbst einreichen und muß keinen Anwalt damit beauftragen. Leider weiß ich weder das Geburtsdatum noch eine vorige Adresse unseres Vermieters da im Mietvertrag nur die Adresse der Hausverwaltung und sein Name steht!

Fest steht, nach Brief vom Bürgermeister und Stellungnahmen, nach Anzeige bei der Baupolizei, daß in Österreich ein Mieter keine Rechte hat, denn hier das Schreiben der Gemeinde:

Sehr geehrter Herr Beyer,

bezüglich zukünftiger Projekte und die Sofortmaßnahmen, die dem Eigentümer auferlegt worden sind, geben wir an Vermieter keine Auskünfte. Es tut mir leid, dass Sie von uns keinerlei Informationen dazu erhalten, jedoch sieht das die NÖ Bauordnung 2014 so vor (gemäß NÖ Bauordnung keine Parteistellung für Mieter).

Ob und wie Sie nun Ihren Garten nutzen können, obliegt nicht der Baubehörde.

Ich wünsche Ihnen wirklich, dass sich die Angelegenheit beruhigt und wünsche trotz allem alles Gute.

Mit freundlichen Grüßen Helena Rottensteiner

Also wissen wir nicht, was der Vermieter nun machen muß, und wann? Also können wir nur warten, und eben die Klage wegen Mietzinsverminderung einreichen, im Jänner wird es dann ein Jahr mit diesen Einschränkungen! Die Gesetze in Österreich sind eher sehr traurig, hochachtungsvoll und nochmals Danke für Auskunft, Ihr Erich Beyer

Gibt es jetzt eine Lösung beim Mietvertrag?

Schottwien 29.11.2024

Sehr geehrte Fr. Hofer und Joachim!

Da wir noch keine Antwort bzgl. Des „Weihnachtsfrieden" erhalten haben und ob nun Joachim der Mietvertragsverlängerung zustimmt, nochmals unsere Frage, ob wir es ohne Gericht lösen können, oder nicht?

Auch gab es keine Antwort, was hinter dem Ofen mit dem Verputz gemacht werden wird, mit unseren Schimmelspray alleine wird es sicher nicht besser. Ich habe auch nochmals ein Foto angehängt, was nur zeigen soll wie schlecht der Boden mit dem Laminat verlegt wurde, anscheinend ohne jede Isolierung, denn wie sie sehen, kommt UNTER der Kommode im Wohnzimmer der Schimmel, zwischen dem Laminat durch, was zeigt das er sicher schlecht verlegt wurde. Und aufhängen können wir die Möbel ja doch nicht, sie stehen leider am Boden.

Hier die Antwort vom Mieterschutz:

Grundsätzlich müssen Sie eine Klage gegen Ihren Vermieter richten. Die Hausverwaltung ist ja nur dessen Vertretung. Falls Sie ein Geburtsdatum Ihres Vermieters und dessen frühere Adresse kennen wäre eine Meldeabfrage möglich. Die könnte auch der Anwalt machen den Sie für die Klage beauftragen. Eine aktuelle Adresse ist wichtig, weil die Klage muss ihm zugestellt werden können.

Nun das nur nebenbei erwähnt, aber was uns unverständlich ist, daß im Mietvertrag keine Adresse von Joachim ist, nur von seiner Vertretung! Aber falls wir nun doch Klagen müssen, brauchen wir die Adresse von Joachim, weil die Klage an den Vermieter zugestellt werden muß, und nicht an seine Vertretung. Also wenn dieser gerichtliche Weg nur mehr für Joachim möglich ist, bitte um seine genaue Adresse, denn es wäre nicht sinnvoll hier nochmals Geld für eine Adressausforschung auszugeben. Übrigens versteht auch der Mieterschutz nicht, warum die Adresse des Vermieters nicht angegeben wurde?

Also bitte um baldige Info was nun geschehen soll, mfg Fam. Beyer

P.S.: In aller Interesse hoffen wir aber die Angelegenheit ohne gerichtliche Schritte bereinigen zu können.

Mietverhältnis mit Joachim Egresits

Sehr geehrter Herr Beyer! 2.12.2024

Die Hausverwaltung übermittelte mir die mit Ihnen geführte E-Mail-Korrespondenz ab 19.11.2024. Namens meines Mandanten nehme ich dazu wie folgt Stellung:

Zur Vermeidung von Wiederholungen verweise ich auf die Schreiben der Hausverwaltung, insbesondere die Mail vom 19.11.2024 sowie meine bisher an Sie gerichteten Schreiben. Mein Mandant vertritt nach wie vor die Rechtsansicht, dass Ihnen keine Mietzinsminderung zusteht. Sollten Sie anderer Meinung sein, was selbstverständlich legitim ist, obliegt es Ihnen, den Gerichtsweg zu beschreiten. Es besteht keine Verpflichtung, Ihnen die Wohnadresse meines Mandanten bekannt zu geben. Dieser wird von der Hausverwaltung Michaela Hofer, Immobilienservice, in dieser Angelegenheit vertreten. Eine von Ihnen angekündigte Klage kann daher an die Adresse der Hausverwaltung zugestellt werden.

In meinem Schreiben vom 23.10.2024 habe ich Ihnen auch mitgeteilt, dass das Mietverhältnis am 14.04.2026 endet. Eine Verlängerung des Bestandverhältnisses erfolgt nicht. Bitte nehmen Sie dies zur Kenntnis!

Zum wiederholten Male verweise ich auch darauf, dass keine Verpflichtung (weder von meinem Mandanten, noch von der Hausverwaltung oder mir) besteht, ihre E-Mails zu beantworten. Ich ersuche Sie, in Zukunft nur mehr dann die Hausverwaltung zu kontaktieren, wenn dies aufgrund neuer, tatsächlich relevanter Umstände erforderlich ist.

Mit freundlichen Grüßen *mag klaus haberler*

Re: Mietverhältnis mit Joachim Egresits

Skradin / Kroatien 4.12.2024

Werte Kanzlei!

Da sie noch immer der irrigen Meinung sind, daß die Hausverwaltung oder Joachim zu dem abbröckelten Verputz und durch das Laminat wachsenden Schimmel keine Auskunft geben muß, möchte ich mit ihrer Kanzlei eigentlich keinen Schriftverkehr führen, bis ich die Auskunft von der Rechtsanwaltskammer NÖ wegen meiner Beschwerde gegen sie erhalten habe.

Es dürften die Gesetze von Ihnen von denen des Mietschutzes sehr abweichend sein, also muß auch das mal geklärt werden. Da ich keine Adresse von Joachim bekommen habe, und leider beim Bezirksgericht in Neunkirchen nur am Dienstag Parteienverkehr mit einem Termin möglich ist, kann man nun die Klage erst bei unserer Rückkehr machen, da wir ja postalisch abgemeldet sind und somit keine RSA oder RSB Briefe zugestellt werden können, die aber dabei sicher nötig sind. So weit dürften es ja auch die Rechtskenntnisse ihrer Praktikanten, daß wissen!

Es wird unser Rechtsanwalt bei zukünftigen Klagen noch genug kosten, aber die Freude möchte ich mir nicht nehmen lassen, die Klage gegen Joachim selber bei Gericht vorzubringen, und vor allem werde ich dann auch schon mein Buch fertig haben, wo diese endlos Story im Detail zu lesen sein wird und vor allem ist es dann schon ein Jahr, wo wir unseren Garten nur eingeschränkt benutzen konnten, wo sie noch dazu falsche Angaben wegen der Quadratmeter gemacht haben und ihre Sorgfaltspflicht nicht eingehalten haben um die Angaben auch zu überprüfen. Ich hoffe bei einer zukünftigen Gerichtsverhandlung werden sie die beweisbaren Fakten vorher überprüfen, denn unser Rechtsanwalt hat damit sicher eine große Freude.

Ich werde mich wieder bei Ihnen melden, wenn ich eine Antwort wegen meiner Beschwerde gegen ihre Kanzlei von der Rechtsanwaltskammer erhalten habe. Mfg Fam. Beyer

P.S.: Ich wiederhole nochmals, weder ihre Kanzlei noch der Vermieter kann bestimmen, ob eine Mietzinsminderung legitim ist, auch wenn sie ihm das auch vielleicht gesagt haben. Nach der Klage werden wir ja sehen, wie weit ihre rechtlichen Kenntnisse reichen, wenn sie immer andere Ansichten und Gesetze haben als der Mieterschutz. Ich denke daß die doch schon an Erfahrung mehr haben dürften als eine Kanzlei aus Neunkirchen.

P.P.S.: Leider habe ich um 20.- € eingestreutes Pulver umsonst ausgegeben, der Maulwurf hat sich davon nicht beeindrucken lassen und ist immer wieder gekommen. Nur zur Info, damit nicht wieder von Joachim gesagt wird, was ja wie schon in vorigen Emails geschrieben, unser Garten „Gstetten" ist ungepflegt, was bei dieser Behauptung von ihm, wieder gelogen war.

Meine Rezension auf Google über diese Kanzlei!

Am 5.12.2024

Leider mußten wir gegen diese „Kanzlei" eine Beschwerde bei der Rechtsanwaltskammer NÖ machen, da sie sich herausnehmen über eine Mietzinsminderung zu bestimmen, was aber nur mit einer Klage beim Bezirksgericht für jeden Fall, individuell zu klären ist. Außerdem wurden mit Fotos und Schriften zu beweisende Angaben vom Vermieter Joachim Egresits und Hausverwaltung Hofer, ohne einer Überprüfung, einfach an uns weitergegeben und damit meiner Meinung nach, seiner Sorgfaltspflicht als Anwalt nicht nachgekommen ist. Auch ist seine Auslegung von Recht und Gesetz sehr abweichend von denen des Mieterschutzes. Für uns etwas unverständlich, wieso man Mieter so schikaniert, und versucht sie frühzeitig aus dem Haus zu werfen und man einen Vertrag mit Handschlag des Vermieters und Zeugen, ganz einfach ignoriert, wo uns eine Verlängerung des Mietvertrages zugesagt wurde. Vom Vermieter Hr. Egresits und Hausverwaltung Hofer und dieser Kanzlei sind wir schwer enttäuscht worden. Fam. Beyer

Antwort vom Inhaber vor 2 Stunden am 6.12.2024

Mit Deutlichkeit festzuhalten ist, daß es sich beim Rezensenten Erich Beyer nicht um meinen Klienten handelt, sondern ich vielmehr ein Mandat gegen ihn übernommen habe. Als Rechtsanwalt ist es meine vornehmste Pflicht, die Interessen meines Mandanten zu vertreten. Dass dies geradezu gegensätzlich zu den Interessen des Herrn Erich Beyer steht, liegt auf der Hand. Insofern sollte man diese abwertende Rezension als Auszeichnung meiner rechtsanwaltlichen Tätigkeit sehen. Nichts desto trotz ergreife ich gegen Herrn Erich Beyer alle rechtlichen Schritte wegen dieser ungerechtfertigten Rezension und Sterne-Bewertung.

Google-Rezension über meine Kanzlei
6.12.2024

Sehr geehrter Herr Beyer!

Wie leider zu erwarten, versuchen Sie durch Ihre Google-Rezension mich nunmehr auch persönlich in den Rechtsstreit mit Ihrem Vermieter einzubeziehen. Zu Ihren Vorwürfen habe ich inhaltlich bereits mehrfach Stellung genommen und verweise nochmals darauf, dass es Ihnen frei steht, den Gerichtsweg zu beschreiten. Es ist aber auch aus Sicht meiner Mandantschaft legitim, einen anderen Rechtsstandpunkt zu vertreten und Ihnen diesen mitzuteilen. Dies berechtigt Sie nicht, im Internet ungerechtfertigte Vorwürfe gegen meine Mandantschaft, die Hausverwaltung und insbesondere mich zu erheben. Es obliegt nicht Ihnen zu beurteilen, ob ich meiner Sorgfaltspflicht als Anwalt nachgekommen bin oder nicht. Ich habe ausschließlich die Interessen meines Mandanten und nicht Ihre zu vertreten. Bitte nehmen Sie dies endlich zur Kenntnis!

*Aus diesem Grund ist Ihre mich betreffende Google-Rezension sachlich ungerechtfertigt, verzerrend und wahrheitswidrig und stellt eine Kreditschädigung gemäß § 1330 ABGB dar. Bevor ich diesbezüglich klagsweise gegen Sie vorgehe, fordere ich Sie auf, die Google-Rezension und die Sterne-Bewertung über meine Person **bis längstens 08.12.2024, 12.00 Uhr,** zu löschen.*

Mit freundlichen Grüßen   mag klaus haberler

Re: Google-Rezension über meine Kanzlei

Kroatien/Skradin 9.12.2024

Werte Rechtsanwälte!

Obwohl ich ihr Schreiben erst heute gelesen habe, hätte ich die Rezension sicher nicht gelöscht, denn was sie mir hier vorwerfen, ist lächerlich. Es ist sogar unverständlich diesen Paragraphen zu nennen, siehe Text:

(2) Dies gilt auch, wenn jemand Tatsachen verbreitet, die den Kredit, den Erwerb oder das Fortkommen eines anderen gefährden und deren Unwahrheit er kannte oder kennen mußte.

Denn er ist eigentlich genau so zu ihrem Vorgehen anzuwenden, denn sie haben ohne Überprüfung der Angaben und Tatsachen falsche Anschuldigungen und Verleumdungen von Hr. Egresits und Hausverwaltung weitergegeben, was uns im weiteren Sinne einen Schaden und nicht nur in finanzieller Sicht, sondern meiner Frau ihren gesundheitlichen Zustand unnötigen Streß und psychischen Schaden durch das falsche Anschuldigen zufügt.

Fakt ist: Sie haben mal behauptet, daß uns keine Mietzinsminderung zusteht, wozu sie gar kein Recht haben, sondern nicht ein Rechtsanwalt, sondern nur das Bezirksgericht entscheiden kann.

Wenn sie dann auch in weiteren Schreiben es auf Hr. Egresits geschoben haben, der, der Meinung ist, daß uns keine Mietzinsminderung zusteht, was auch nicht seine Entscheidung ist. Aber im Ersten Brief haben sie diese Behauptung aufgestellt und nicht der Vermieter. Nachdem sie sich eher sarkastisch, für die Rechtsmittelbelehrung bei mir bedankt haben. Nur hätten sie als Rechtsanwalt die Vorgehensweise schon vorher kennen müssen!

Fakt ist: Sie haben anscheinend nicht mal die Fakten wirklich gelesen, wo sie nicht mal die Quadratmeter berücksichtigt haben, die im Mietvertrag sowie Inserat angeführt sind. Noch wissen sie über die seit einem Jahr andauerten Hintergründe Bescheid, die eine Mietzinsminderung rechtfertigen. Also wie steht es da mit der „Sorgfaltspflicht"? Sollten sie als Rechtsanwalt nicht die Fakten überprüfen bevor sie unrichtige Tatsachen ganz einfach weiterleiten?

Jedenfalls sehe ich gegen ihre rechtlichen Schritte mit Freuden entgegen, denn vielleicht wird es bei Gericht dann endlich geklärt werden, und wenn nötig auch erst beim Verwaltungsgerichtshof. Da ich mit Fotos und Emails über die Schikanen, Lügen und Unterstellungen von Vermieter und Hausverwaltung in meinem Buch schon 232 Seiten habe, wird es zwar lange dauern, aber ein Gericht in alle Vorgänge Einsicht bekommen.

Da sie immer anderer Ansicht mit den Gesetzen sind als der Mieterschutz, werde ich mal abwarten, was die Rechtsanwaltskammer NÖ auf meine Beschwerde gegen ihre Kanzlei antworten wird, was mal für uns interessant sein wird, was man zu ihrem Vorgehen gegen uns sagt?

Ich weiß zwar, daß in Österreich der „Nepotismus" gang und gebe ist, und natürlich das freundschaftliche Verhältnis von Hausverwaltung, Maklerbüro und Hr. Egresits besteht, aber ich weiß nicht, wie weit zu ihrer Kanzlei auch ein freundschaftliches Verhältnis besteht, daß sie ohne eine Überprüfung die Angaben einfach weiter gegeben haben.

Falls die Angaben im Inserat bereits falsch angegeben wurden, was ja jetzt auf einmal nicht mehr stimmen soll, was die Quadratmeter vom Garten betrifft, werden wir im folgenden Rechtsstreit dann auch die Maklergebühren zurückfordern.

Also somit steht in meiner Rezension keine falsche Angabe, aber auch ihnen steht es frei dazu rechtlich vorzugehen, in diesem Sinne noch schöne Feiertage,

Erich Beyer und Gabriela Beyer-Albrecht

P.S.: Sie sollten Hr. Egresits und der Hausverwaltung mal klarstellen, daß ein Vermieter auch Pflichten hat, was hier von Anfang an vernachlässigt wurde und erst nach Mehrmaligen urgieren von unserer Seite etwas gemacht wurde und das zum größten Teil nur als Pfusch zu titulieren ist. Wir haben uns kein Verschulden zukommen lassen und die

Miete immer bezahlt und wurden aber trotzdem in unseren Mietrechten sehr eingeschränkt!

Google - Rezension über meine Kanzlei

Sehr geehrter Herr Beyer!   *13.12.2024*

Zunächst gehe ich davon aus, dass Ihnen heute ebenfalls die E-Mail der Rechtsanwaltskammer Niederösterreich zugegangen ist. Mit dem beigefügten Schreiben der Rechtsanwaltskammer vom 12.12.2024 ist somit klargestellt, dass ich mich völlig korrekt verhalten habe und keine Veranlassung besteht, gegen mich standesbehördlich einzuschreiten.

In diesem Zusammenhang betone ich nochmals, dass ich ausschließlich die Interessen meiner Mandantschaft und nicht Ihre zu vertreten habe. Wie ich Ihnen bereits mitteilte, werde ich von Ihnen unzulässigerweise persönlich in den Rechtsstreit mit ihrem Vermieter einbezogen.

*Ich gebe Ihnen noch einmal die Gelegenheit, die sachlich ungerechtfertigte Google-Rezension und die Sterne-Bewertung über meine Kanzlei **bis längstens 16.12.2024, 12.00 Uhr** zu löschen. Sollten Sie dazu nicht bereit sein, werde ich gerichtliche Schritte gegen Sie einleiten.*

Mit freundlichen Grüßen   *mag klaus haberler*

Re: Google - Rezension über meine Kanzlei

Skradin 15.122024

Wertes Team!

Ich habe ihr Schreiben erhalten und meine Stellungnahme dazu im anhängendem PDF file geschrieben, wozu ich sie Bitte es auch zur Kenntnis zu nehmen.

Bitte auch zu verstehen, daß es hier um die Interessen meiner Frau geht, die ich so weit wie möglich unterstütze, da die falschen Anschuldigungen von Hausverwaltung und Joachim, die auch sie ohne Überprüfung, weiter geleitet haben, sie sehr stark psychisch belasten.

mfg Erich Beyer i.V. Gabriela Beyer-Albrecht

P.S.: Die Hausverwaltung hat ja auch gegen meine Rezension Einspruch erhoben, aber wie sie sehen, ist meine Rezension wieder online, weil wie gegen Ihre Kanzlei keine Unwahrheiten drinnen standen!

Antwort auf ihr Schreiben vom 13.12.2024 bzgl. Rezension im Google

Skradin / Kroatien 15.12.2024

Wertes Team!

Wie ich schon erwähnte, hat ja die Hausverwaltung gegen meine Rezension Einspruch erhoben, aber wie sie ja wissen werden, ist diese wieder online! Denn genau so wie bei Ihnen habe ich keine falschen Beschuldigungen gemacht, deshalb blieb sie online!

Nun zu ihrer Forderung meine Rezension zurückzunehmen, habe ich mit meiner Rechtsanwältin in Wien Rücksprache gehalten, und die Fr. Doktor meinte, ich soll ihrer Klage in freudiger Erwartung entgegensehen, was ich hiermit auch mache.

Nur würde ich sie bitten, damit meine Frau nicht zu belästigen und die Post oder Klage NICHT nach Schottwien zu senden, sie ist genug von den unrichtigen Anschuldigungen von Joachim und Hausverwaltung, die sie auch ohne Überprüfung weitergeleitet haben, belastet!

Da ich nicht immer bei meiner Frau in Schottwien bin, bitte die Klage an meine Hauptmeldeadresse in Klosterneuburg zu machen, ich habe es ja nicht notwendig meine Adresse zu verheimlichen, wie es Hr. Egresits tut und sich nur vertreten läßt.

Jedenfalls werde ich meine Rezension gegen ihre Kanzlei NICHT zurückziehen, denn egal was die Rechtsanwaltskammer dazu sagt, ich verstehe nicht wie sie ohne einer Überprüfung Daten weitergeben können, und ich denke auch die Rechtsanwaltskammer hat diese nicht überprüft, also können auch die nicht wirklich wissen was da läuft. Aber ich werde für meine Frau bis zum Verwaltungsgerichtshof gehen, wenn es nötig ist, um die Fakten zu klären, die von ihren Mandaten (Vermieter und Hausverwaltung) an sie weitergeleitet wurden.

Es wurden anscheinend die Berichte und Briefe nicht gelesen, noch die Fotos angesehen, aber ich habe sie nun in über 250 Seiten in Buchform gefaßt, wo alles nachzulesen und mit Fotos belegt ist, leicht für jedes Gericht zu überprüfen, und zwar von den Ersten Tagen an wo wir bereits mit vielen Problemen, bei Hr. Egresits und Hausverwaltung betteln mußten, damit meine Frau zu ihrem Recht kommt. Und auch da wurde uns, statt uns zu helfen und unterstützen, was die Pflichten des Vermieters gewesen wären, nur nahegelegt „wir sollen den Ball flach halten" und wenn es uns nicht paßt, können wir ja den Mietvertrag kündigen!

Sie haben in der Entgegnung bei meiner Rezension schon erwähnt, daß ich nicht ihr Klient bin, sondern sie gegen mich vorgehen, also dürfte das jedem klar sein, warum ich diese Rezension geschrieben habe! Von dem mal abgesehen, daß weder meine Frau oder ich, sich von ihrer Kanzlei aus Neunkirchen vertreten lassen würden.

Mfg Erich Beyer i.V. Gabriela Beyer-Albrecht

P.S.: Da ich ja schon oft genug im TV war, früher im „Club 2" dann „leider" schon dreimal in der „Barbara Karlich Show" und mit unserem Haus in Klosterneuburg im ATV beim „Nachbarschaftsstreit" habe ich zum Glück viele Kontakte zu Medien, und vielleicht können wir uns mal beim „Bürgeranwalt" persönlich treffen, meine Fr. Doktor wird es sicher sehr freuen.

Meldung bei Google

Skradin / Kroatien 17.12.2024

Werte Kanzlei!

Ich habe ihre Meldung bei Google bzgl. Rezension erhalten und natürlich Einspruch erhoben, in der Hoffnung das sie wieder online gestellt wird. Denn wenn man gegen einen Provinzanwalt keine Rezension mehr abgeben darf, dann wären ja alle Bewertungen bei Google eher sinnlos!

Vor allem will ich ihnen die Chance auf eine Klage nicht nehmen, worauf ich mich schon gefreut habe,

Mfg Erich Beyer

Rezension wieder online!

Skradin / Kroatien 18.12.2024

Wertes Team!

Meine Google Rezension ist wieder online, also steht nichts mehr im Wege mich einzuklagen, obwohl ja nur die Wahrheit in der Rezension steht. Bitte zu beachten, bis Ende Jänner können keine RSB oder RSA-

Briefe zugestellt werden, (Ortsabwesenheit) und bitte nicht vergessen, meine Hauptmeldeadresse ist Klosterneuburg, also dort die Klage zustellen!

Wünsche aber trotzdem schöne Festtage, Erich Beyer

Nachwort

Ich wollte eigentlich mit der Veröffentlichung dieses Buches warten, bis dieser anscheinend endlose Kampf gegen Vermieter und Hausverwaltung beendet ist, nur würde das zu lange werden. Ich hoffe doch, daß ich dieses Buch mit Anfang von 2025 auflegen kann, auch wenn es da sicher noch lange mit diesem Kampf zu Ende sein wird. Nur habe ich ja jetzt schon sehr viele Seiten und Fotos drinnen, und wirklich wird es ja erst starten, wenn uns dann Joachim im April 2026 delogieren lassen will, was wahrscheinlich noch eine Fortsetzung bringen könnte!

Ich hoffe natürlich auch, daß ein paar Leser unsere Situation verstehen können, und warum ich hier für meine Frau (uns) diesen Kampf ausfechte. Vielleicht hilft es aber auch ein paar Leser, Einsicht in so einem Mietvertrag zu bekommen und Dinge zu erfahren, die passieren können mit denen man nie gerechnet hat. Ich bin zwar jetzt schon 74 Jahre alt, aber so viel wurde ich in meinem ganzen Leben noch nicht belogen. Noch unverständlicher ist es für mich, wie jemand wie der Vermieter und Hausverwaltung so sinnlose Lügen verbreiten, die aber jederzeit mit Fotos und Text zu widerlegen sind!

Da dieses Buch leider negativ enden wird, kann ich nur hoffen, daß mein nächstes Buch schon positiv anfangen wird, was ich mir aber nicht sicher bin, daß es so sein wird.

Erich und Gabriela

Und nochmals ein Zitat von Jean-Jacques Rousseau, daß wahrscheinlich auf 90% der „sechs Kategorien" Menschen zutrifft und sie dieses Buch eher nicht lesen sollten da in meinem Buch nur wahrheitsgetreue Berichte und sicher nichts Fiktives steht:

„Hüten wir uns, denen die Wahrheit mitzuteilen, die nicht imstande sind, sie zu fassen."

Und leider wird uns dieses Zitat von Robert Frost sicher nicht mehr näher zu unseren Nachbarn bringen:

Nichts bringt zwei Nachbarn so nahe wie ein guter Zaun

Bücher die noch von mir erschienen sind:

„Zum Denken verurteilt" 316 Seiten Buch Hardcover
ISBN: 9783734751295 E-Book ISBN-13: 9783749414017
https://www.bod.de/buchshop/zum-denken-verurteilt-erich-beyer-9783734751295

Unter dem „Key of life" 1. Teil   Hardcover
„Weltumsegelung, der 3. Versuch"   476 Seiten davon 75 in Farbe
Buch ISBN-13: 9783743152038   E-Book ISBN 9783749414888

https://www.bod.de/buchshop/unter-dem-key-of-life-1-teil-erich-beyer-9783743152038

Unter dem „Key of life" 2.Teil   Hardcover
„Bermuda Dreieck und zurück"   280 Seiten davon 86 in Farbe
Buch ISBN-13: 9783743195677   E-Book ISBN 9783749415595
https://www.bod.de/buchshop/unter-dem-key-of-life-2-teil-erich-beyer-9783743195677

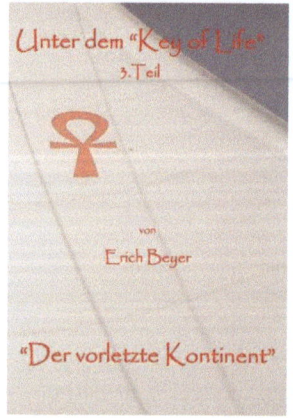

Unter dem „Key of life" 3. Teil   Buch Hardcover
„Der vorletzte Kontinent"   436 Seiten davon 254 in Farbe

Buch ISBN 9783746016283   E-Book ISBN 9783749443215
https://www.bod.de/buchshop/unter-dem-key-of-life-3-teil-erich-beyer-9783746016283

Mit S.Y. Braveheart durch Hurrikan Debie   Paperback
112 Seiten   45 Seiten in Farbe
ISBN: 9783751976091 E-Book ISBN 9783752675894
https://www.bod.de/buchshop/mit-s-y-braveheart-durch-hurrikan-debie-erich-beyer-9783751976091

Mit jeder APP wirst mehr zum Depp!   ISBN: -13: 9783751956161
263

Paperback   132 Seiten   E-Book: ISBN-13: 9783751992381
https://www.bod.de/buchshop/mit-jeder-app-wirst-mehr-zum-depp-erich-beyer-9783751956161

"Reiseberichte unter dem Key of life von 1999 bis 2020"
Paperback Version mit 328 Seiten, davon 69 Farbfotos mit der
ISBN: 9783752611618, E- book ISBN-13: 9783752634815
https://www.bod.de/buchshop/catalogsearch/result/?q=+Reiseberichte+u
nter+dem+Key+of+life

„Logbuchauszüge M.S.Y. Manuda von 1994 bis 1998"   Paperback
420 Seiten   ISBN: 9783752644074   E- book ISBN-13:
9783752635355
https://www.bod.de/buchshop/logbuchauszuege-manuda-erich-beyer-9783752644074

Beginn mit der „Key of life"   Der Anfang mit Kauf der Segelyacht
1.Teil Beginn der 1. Saison 1985 in Jugoslawien bis Malta 1986
Paperback 240 Seiten davon 120 in Farbe
ISBN-13: 9783753420271 E- Book ISBN-13: 9783753412252
https://www.bod.de/buchshop/beginn-mit-der-key-of-life-erich-beyer-9783753420271

2. Saison mit der „Key of life" 2.Teil in Jugoslawien u. Malta 1986-87
Paperback 232 Seiten mit 102 Fotoseiten, ISBN: 9783753459967
https://www.bod.de/buchshop/2-saison-mit-der-key-of-life-erich-beyer-9783753459967

3. Saison mit der „Key of life" 3.Teil in Jugoslawien u. Malta 1987-88
Paperback 216 Seiten mit 146 Fotoseiten,
ISBN: 9783753473475 E – Book 9783753474267
https://www.bod.de/buchshop/3-saison-mit-der-key-of-life-erich-beyer-9783753473475

Wie weit können wir noch verblöden?
BBB - Beyer's Beschwerde Buch **Paperback 180 Seiten**
ISBN-13: 9783754334638 E-Book ISBN-13: 9783754367872
https://www.bod.de/buchshop/wie-weit-koennen-wir-noch-verbloedeno-erich-beyer-9783754334638

4. Saison mit der „Key of life"   4.Teil in Jugoslawien und Malta
„Start in die vierte Saison 1988 – 1989 E-Book ISBN 9783754358122
Paperback 244 Seiten davon 134 in Farbe ISBN: 9783754356210
https://www.bod.de/buchshop/catalogsearch/result/?q=Erich+Beyer

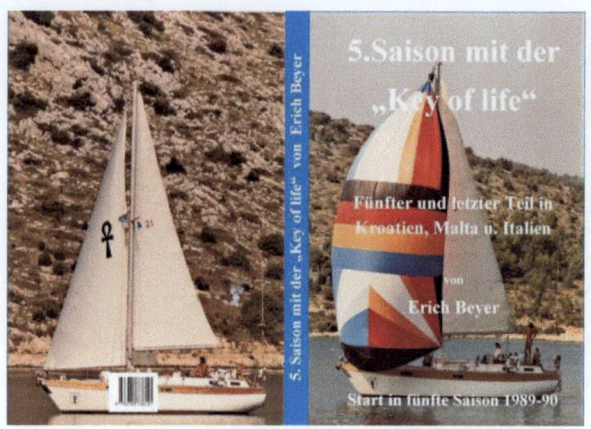

5. Saison mit der „Key of life" Fünfter und letzter Teil in Kroatien,
Malta u. Italien Start in fünfte Saison 1989-90
ISBN:9783755738121Paperback 220 Seiten davon 141 Farbseiten
https://www.bod.de/buchshop/5-saison-mit-der-key-of-life-erich-beyer-9783755738121

Der Beginn mit „Manuda" 1.Teil „Unter dem Key of life mit Manuda"
Start in Italien 1992 und „Manuda" auf der Werft in Malta bis 1993
Paperback 212 Seiten davon 131 in Farbe   ISBN-13: 9783755760498
https://www.bod.de/buchshop/der-beginn-mit-manuda-erich-beyer-9783755760498

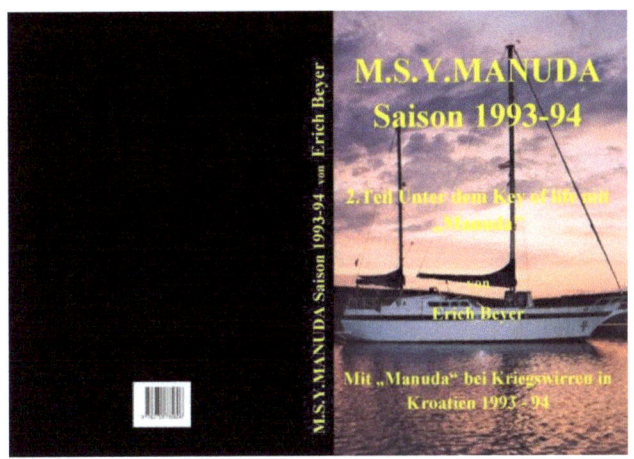

„M.S.Y.Manuda" Saison 1993 bis 94   2.Teil   Unter dem Key of life
mit Manuda Saison 1993-94 in Kriegswirren mit Manuda in Kroatien
Paperback 272 Seiten davon 175 in Farbe   ISBN: 9783755785606
https://www.bod.de/buchshop/m-s-y-manuda-saison-1993-bis-1994-
erich-beyer-9783755785606

„M.S.Y.MANUDA" Saison 1995   3.Teil Unter dem Key of life mit
Manuda Saison 1995 mit Manuda im Krieg in Kroatien
Paperback 184 Seiten davon 104 Farbseiten ISBN: 9783755774754

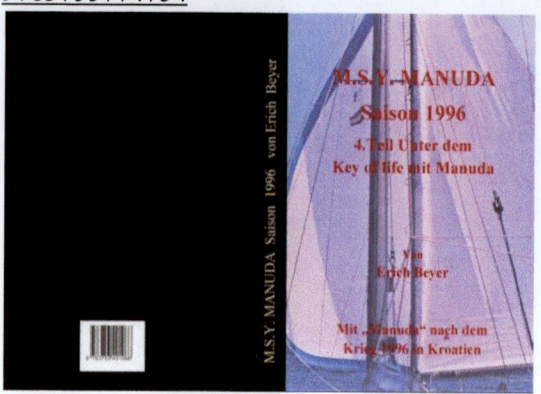

„M.S.Y.MANUDA" Saison 1996   4.Teil Unter dem Key of life mit Manuda   Saison 1996 mit Manuda nach dem Krieg in Kroatien Paperback 212 Seiten davon 106 Farbseiten ISBN: 9783753491066

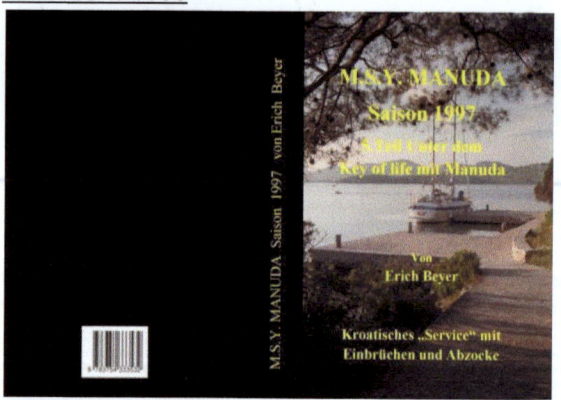

„M.S.Y.MANUDA" Saison 1997   5.Teil Unter dem Key of life mit Manuda Kroatisches „Service" mit Einbrüchen und Abzocke Paperback 276 Seiten davon 114 Farbseiten ISBN: 9783754333532

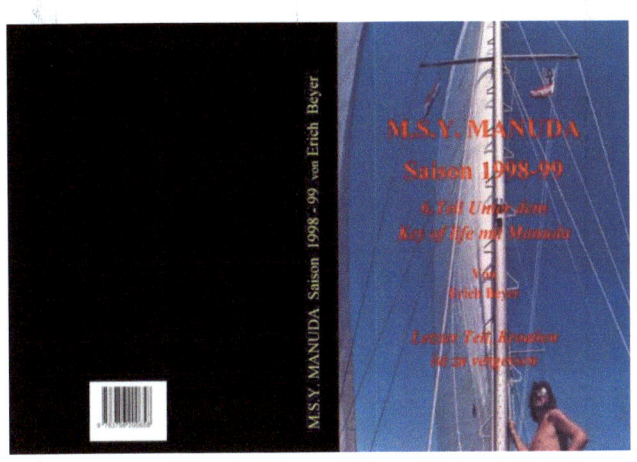

„M.S.Y.MANUDA" Saison 1998 - 1999   6.Teil Unter dem Key of life
mit Manuda Letzter Teil, Kroatien ist zu vergessen
Paperback 308 Seiten davon 127 Farbseiten ISBN: 9783756200658
https://www.bod.de/buchshop/msy-manuda-saison-1998-1999-erich-beyer-9783756200658

Beginn mit Motorbooten   „M.Y.Andrea" und „ELAN´F-606"
Jugoslawien 1982 und 1983 von „Mali Losinj" bis „Dubrovnik"
Paperback 136 Seiten davon 92 in Farbe   ISBN: 9783756207084
https://www.bod.de/buchshop/beginn-mit-motorbooten-erich-beyer-9783756207084

Motorsegler „Antn"   Unter dem Key of life mit „Antn" 1983
Jugoslawien 1983 mit MÖN 27 „Antn"
Paperback 84 Seiten davon47 in Farbe   ISBN: 9783756210985
https://www.bod.de/buchshop/motorsegler-antn-erich-beyer-
9783756210985

Ein Sommer mit „Sourire" - Unter dem Key of life mit Sourire 1984
Jugoslawien 1984 mit „Sourire" ISBN: 9783756231980
Paperback 148 Seiten davon 80 in Farbe
https://www.bod.de/buchshop/ein-sommer-mit-sourire-erich-beyer-
9783756231980

Alles was bleibt ist negativ!

Paperback 128 Seiten   ISBN-13: 9783756256327

„Gesammelte Emails von 2020 bis 2022"

Paperback 348 Seiten 204 in Farbe ISBN-13: 9783756887408

273

„Die Schande ein Mensch zu sein"   Paperback 100 Seiten

ISBN: 9783758329173

ERICH BEYER:

Geboren am 25. Mai 1950 in Österreich, gelernter KFZ Mechaniker, über Abendkurse in Schwachstromtechnik und Elektronik über Elektriker in fast alle Berufssparten rein geschnuppert. Lange Jahre als Disc Jokey durch die Lande gezogen und nach Anzeigenleiter bei Bezirkszeitung Hietzing mit eigenem Werbebüro Pleite gegangen, später als Geldtransportfahrer und Body Guard den Lebensunterhalt verdient. Das Küstenpatent und den BK und BR Segelschein gemacht und in weiterer Folge bei der Jugoslawischen Berufsmarine das Schiffpatent bis 25 BRT und nach genügend Seemeilen noch das Patent bis 50 BRT abgelegt. Bei BSAC die Prüfung für **Drei Stern Advanced Diver** in Malta gemacht. 23 Jahren unter dem *„Key of life"* mit dem Segelboot vom Mittelmeer bis zur Karibik unterwegs gewesen. Bereits1984 gründete ich den „Segelclub - ANKH" von dem ich Obmann war und der nachdem unsere „Key of Life I" am 3. Jänner 2021 in „Petite Martinique" aufs Riff getrieben und gesunken ist, nur mehr auf der Webseite existiert. Meine Frau Gabriela heiratete ich am 30. September 1999 im Courthouse von Broward County in Ft. Lauderdale und war mit ihr auf unserer „KEY OF LIFE I" in der Karibik unterwegs und bis dato mit Logbuch belegt über 60.000 Seemeilen zurückgelegt. Wer noch mehr über mich wissen will, kann sich meine Bücher kaufen oder in der HP nachlesen:

www.segelclub.ankh-refugium.com
oder
www.ankh-refugium.com

Mein 72igster Geburtstag mit Shiva „La Bestia" oder auch „Krawallo" genannt!

Fertig gestellt im Dezember 2024

Autor: Erich Beyer